唯一神道の教理と
金剛界の立場で読む「般若心経」

まえがき

「大光明実相神典」は昭和十三年（一九三八）唯一神道駒ヶ嶽教会の夏山参詣の際天照皇大神よりの神示により始まる神伝であり、全十五部の神伝が完了したのは昭和四十七年（一九七二）一月でした。神示によって受けた神典は幾度も幾度も改正を重ねて、完成したのは昭和六十二年（一九八七）五月でした。

天野覚元会長に神依り給いて大光明菩薩より御済度の御霊波によるもので、天覚男命、宇賀魂大神、伊弉岐命、伊弉美命、大山祇命、覚親恵大神、大光明菩薩　大光明天使の八神によって創られた神典です。なお先達としては天野覚元であり、大光明実相神典に関しては天覚男命にて、他界されて天覚元命と成られました。

「掛巻も綾に畏き天照皇大神　天覚男命に神勅給いて大光明実相神典を説き給えり　一切業障の暗を破り苦しみ悩みを消滅し　真我の実相健やかに幸いなる神ながらの相を現すが故に　大光明実相神典と名付く」（神典第七部）とあり、第一部と第二部は総集編であり、第三部と第六部は洗霊修行、第四部、第五部、第七部は自覚悟りの章であり、第八部は地鎮祭や家内安全祈祷に、第九部、第十部は祈願に、第十一部、第十二部、第十三部は一切衆生先亡のために、第十四部、第十五部は利他導光のために、各一部ずつでも良いので意のままに読んでください。

本文中の（神典第〇部）とあるのはこの「大光明実相神典」のことです。

この神典は読めば読むほど無限に真理が現れ神示があります。何度も読み何度も書いて神示を受けてください。般若心経だけでない心の糧は与えられるでしょう。神示によればこの神典が海外に普及されるには、およそ三百年の歳月がかかるとのことです。

唯一神道駒ヶ嶽教会は残念ながら平成二十年十月十八日に解散しましたが、後継団体として翌年一月十三日に、天覚元命の命名による唯一神道駒ヶ嶽分教会を発足させ「唯一神道神ながらの道教典」を発行し、駒ヶ嶽霊神場の保守管理を行い教会として活動し現在に至っております。

私が唯一神道駒ヶ嶽教会に入信したのは三十歳のときでした。私が五歳のときにこの世を去った父と、親子二代にわたり天野覚元会長（明治三七年八月一七日〜平成五年八月七日）の弟子となりました。およそ五十余年の歳月が過ぎて、先達天野覚元会長から学んだこと、神様や霊神様からの神示などいろいろ勉強させて頂いたことを、これから修行される方々の参考になればとの思いでここに書き残すこととしました。

肉体の栄養は物質によって補充されますが、心の栄養は神典経巻によって補充しなければなりません。

唯一神道駒ヶ嶽分教会
水元義明

目次

第二章　唯一神道のことわけ…… 31

第一章　信仰のはじめに

救いの道

　私たちは自分の力や自分の財産地位が何でも解決すると考えているうちは神にすがる気は起きない。また宗教に対しても全く無関心であるが、自分の力ではどうすることもできないときがある。ひしひしと身にせまる苦しいこと、悲しいこと、寂しいことが起きたとき、何かにすがりたい心が起きてくる。

　人は生死の境に至ると真剣に神にすがる。このすがりたい心が起きたときこの苦しみを救うことができるのは神より他に無いと知っているからこそ神にすがり祈るのである。神にすがり祈ることによってその不安は除かれ、苦しみは消滅して心の拠り所が得られるのである。そして明るい希望の運命が開けてくるのである。神はこのすがりたい心の起きるのを待っておられるのである。救いの御手にすがってくるのを待っておられるのであり、それを教えるのが宗教である。

　ショーペン・ハウエルは「宗教は蛍のようなものである、世が暗くなるにつれ益々光を放つ」と言っている。真実の宗教こそが人の行くべき道を照らす大灯明となるであろう。

信仰の道

心の悩みには宗教であるけれど、信仰の道を歩もうとするときその宗教の選び方こそが最も大切である。弓を射んとすればまず的を定めよ、信仰に入ろうとするならばまず信ずる神が正しいか否かをまず始めに知らねばならない。

正しい神によってのみ正しい救いは与えられ、よこしまな神によってはごまかしの利益が与えられる。道はたくさんある、しかし神の国への大道は一つしか存在しない。自分の行き先を知らずに歩くのはとても危険なことである。果たして救いの園へ出られるのか、ひとつ誤れば地獄迷執の淵に出る。

ただ目前のおかげだの御利益だのと現世に眼がくらんでいては、真我の実相はつかめないし不幸の未来に至るのである。

正しい神を認識し信ずることこそが信仰の第一歩である、正しい神によってのみ真の救いが得られるのである。

トルストイは「宗教は人間を全体的に支えている柱であり力である。信仰は我々にとって生きる力である。それは自己の在り方を問題とするだけであり、宗教は自己の真源を徹し自己を超えて自己が成り立つものである」と言っている。

我が家の宗教は

日本には仏教徒の家庭が多いがキリスト教などさまざまである。けれど核家族化が進み神棚や仏壇の無い家庭が多くなり先祖の供養をする機会も少なくなっているようだ。

他人から入信を勧められると「我が家は××宗だから」と拒むけれど、先祖から伝わっている宗教を大切にしている訳でもない。

夏には村のお寺で盆踊りがあり、秋には村の神社で収穫に感謝するお祭りがあった。どちらも住民たちの楽しみであり、それらの行事は何の違和感もなく受け入れられていた。お寺や神社に対しても何ら抵抗も違和感もなく受け入れられていたのは仏教と神道も同時に受け入れていたからである。そして地域によっての違いはあるが昔は多くの家庭に神棚と仏壇が祀られていた。神棚には「天照皇大神」が主祭神として祀られ、仏壇にはそれぞれの家庭が信仰する仏さまと、ご先祖の位牌が祀られていたのである。

核家族化が進み先祖の供養を実家の親や兄弟がしているのであれば、自分の家には仏壇が無くても不思議ではない。だがたとえ分家であっても真剣に家族の健康と幸せを願うのであれば、仏壇が無くても神棚は正しく祀るべきである。

真の自分は肉体ではない

私たちは自分自身を肉体的人間であると思っている。しかし肉体はくずれて元の元素に帰っているのに、人間は肉体であるという念を持っていると、その仮の念の思いによって肉体そのものの相《すがた》を現して悩み病に苦しむ霊魂が多いのである。

たとえばこの世に生きているとき病にかかり激痛に苦しんでいた人が苦しみながら死んだとする。死ぬということは肉体から霊魂が離れることであり、霊魂はそのまま生き続けていくのである。ならば病み患う肉体から霊魂は離れ去ったのだから霊魂に激痛は無いはずである。だが自分は肉体であるという念を持っているとその念の思いによって激痛は継続して苦しむことになる。また自分が死んだことに気付かず、この世に生きていると錯覚して悩み苦しむ霊魂も多く存在するのである。

私たちは神の子であり神の子は健康で幸せであるべきである。その神の子が何故に病気に悩み不幸に苦しむのか、それは神の咎では無い。私たちが神の子であることを忘れ、自分の力で生きていると錯覚して迷うからである。神の子であることを忘れ、神に生かされている真我の実相を忘れ、病み悩み不幸に腹をたてたから病み不幸に苦しみ悩む現象が現れているである。

私たちは他の生命を頂いて生きている

今私たちがこの世に生きているのは他の生命を頂いて生きているのである。一粒の米にも一つの生命があり、出汁に使われた煮干しにもイワシやカツオという魚の生命があったのであり、一切れの豚肉を食べれば豚一匹の生命の犠牲があったのである。

ただ単に食材と考えず自分という生命が生きていくためにこれまでにもたくさんの生命を頂き、その犠牲のうえに成り立っているのである。そしてこれからもこの世に生きている限り他の生命を頂きながら生き続けていくのである。

全ての動物には「霊《たましい》」があり全ての植物には「精」があり、霊も精も共に日夜真剣に進化向上に努めて生きているのである。だから食事のとき「いただきます」とあいさつするのであり、「ごちそうさま」と感謝の念を表すのである。

四国八十八ケ所の巡礼者に対し、宿泊する宿と食事を提供してくださって、食事を頂くときに、「一滴の水にも天地の恵みがこもっております、一粒の米にも万人の労力が加わっております、有難くいただきます」とのあいさつを教えて頂けるお寺と住職が存在することは実に有難いことである。私たちが他の生命を頂いて生きているのであれば、自らも他のためになる価値ある生き方をしなければたいへん申し訳ない。

神の存在をどうしたら確認できるか

私たちは心魂をこの肉眼では見ることもこの肉体で触れて知ることもできないように、私たちは神を肉眼で見ることも手で触れて知ることもできない。神の存在をどうしたら確認できるだろうか。それは分別を離れて自我の妄執を払わなければ絶対にわからない。誠意をもって南無と帰依するところにたちまち現れて救ってくださるのであり、私たちを生かしておられるのである。

あの松の木が地上の枝葉によって呼吸をして生きているように見えても、見えない地下の根によって生きているように、私たちも見えるところの食物の栄養のみではなく、見えない神によって生かされているのである。神は永遠の生命であり全宇宙に充ち満せるものである。

祈ることは神の御心に適うことである。力強い信念の人に励まされ共に歩むことによって、自らを守るばかりではなく他の人をも導き祈ることは神の御心に適うことである。私たちが信ずる「唯一神道」はまさにこうした宗教であり神の教えであり、神になる教えである。自らが神に成ると信ずる宗教である。

仏とは自らも目覚め他も目覚めさす人である。神は死んだ者ではない、信仰の対象を過去の死んだ者に求めるところに迷信が生ずるのである。

天寿を全うすること

天寿とは天から、すなわち神から授けられた寿命である。私たちはこの世に生まれたとき寿命はすでに決められており、命日となる年月日はすでに決まっているのである。だが病気事故災難などに遭い、その天寿を全うできずに神から授けられた寿命を縮めてこの世を去る人が多いのである。事故や災難などで思いがけない最後を迎えることになるのは、全て自分自身が過去に造った業のなせる相である。この世に生きている全ての人が過去に造った業を背負って生きているのであり、その業を信仰によって果たさないから、病気や事故災難に遭って死んだり殺されたりの非業の死を遂げることになる。

また病にかかり寝たきりの生活をするのは信仰によって業を果たさないからであり、これを寝行と言う。寝行をして過去に造った業を果たしながら、世話をしてくださる人に感謝の心が無ければ、不平不満を言ってさらに悪業を造り続けて生きていくことになる。

「病み患いに苦しむ時　不幸災難に悩める輩よ　又真理を求め霊の向上を願う者達よ　当に心を鎮め此の神典を読み主なる神に感謝し帰依し奉り　南無十字命法理気と唱え念ぜよ　必ず道は開け応現の利益在りて苦境を脱すべし」（神典第三部）とあるように、信仰によって業を晴らし天寿を全うする道を真剣に考えたい。

祈らなくては救いは現れない

天災や事故などによって大切な家族を失い、家や家財道具など全ての財産を一瞬に無くした被災者たちが、こうした状況のなか「神も仏も無いのか」という心境になるのは充分察することができる。神は全智全能であるがゆえに全てを知っておられるのだ。けれども祈らなくては救いは現れない。祈ることは信仰の第一義である。神は神の子である私たちが祈り願って救いを求めることによって救ってくださるのであり、祈らなくては救いは現れないのだ。

「如何に日輪輝けど目隠し在らば光無し　十字妙法力充ち満つれども信ぜられば救い無し　日光無きに非ず目隠しの咎なり　神の救い無きに非ず信ぜらず咎なり」（神典第六部）とあるように、私たちは神によって生かされている、神の恵みによって生きているのである。

だが神の子であることを忘れ自分の力で生きていると錯覚して生きているから今の相が現れているのである。私たちは神の子であることを忘れた迷いの所業を懺悔して、真剣に神に祈ることによって救いは現れるのである。

お経は祈りへの段階で、心が光の波動であるお経によって鎮まり、ひとつになって生命の親様に祈り願うのである。

今私はこの世に生きている

今私はこの世に生きている。この世に生まれてくるまで私たちには生命が無かったのではなく、霊《たましい》という生命が肉体という衣を着てこの世に誕生してきたのである。そしてこの肉体という名の衣を真の自分自身であると錯覚して今この世に生きているのである。

そしてこの人生が終わったとき霊は肉体から離れて生き続けるのであり、私たちは本当に死んでしまうのではなく、永遠の眠りに着くのでもなく幽界へ帰ることになる。そして必ずしも元の幽界へ帰るのではなくこの世での生き方によってその行き先は変わってくる。

「生ける肉体は屍体《しかばね》となり現状を維持する事なく分散して宇宙の要素に帰するなり　肉体は消滅すれども念の業は宿命となりて持続するが故に　肉体を去った個霊《みたま》は各々念に相応《ふさわ》しき境地に於いて生活《いとなみ》を続け行くなり」（神典第十部）とある。

霊は私たちが住むこの地球が誕生する前から生き続けているのである。そして未来永劫生き通しの生命であり霊が死ぬことは無いのだ。

「死んでしまえば何もかもそれでお終いだ」と言われる人が意外に多い。本当にそれで終わるのであればお墓や供養など全く必要無いことになる。しかし大昔からお墓を建て、いろんな形で先祖の供養をされてきた現実をみれば、何もかもそれでお終いでは無い筈である。

神道では人が亡くなることを幽世《かくりよ》と言う。この世を去った霊は幽界に帰る、これを帰幽と言う。

やがて先祖のもとに帰り着き先祖の仲間入りをすると言われている。幽霊と言われるのが幽界に生きる霊のことである。帰幽するという考え方は、私たち一切衆生が生死輪廻するこの三界から解脱しないことが大前提とする考え方であり、それは神の子であることを忘れた、すなわち唯一神道以外の宗教の考え方である。

先祖がこの世で信仰せずに一生を終わったのであれば、過去世において如来聖者と縁を結んでいなければ、死後の世界で誰も導き救ってくださる筈がない。先祖の個霊がそのような状態であれば自分のことで精一杯であり、この世の家族の者を守ってくださる余裕など無い筈である。

だからこの世の家族の者が「神典経巻を読み如来聖者の来迎を願い供養し　各々の個霊の生前の名を呼び念じ如来聖者と結縁せしめよ　如来の力神典経巻の功徳に依りて　各々の個霊は一切業障の暗を破り苦界を脱し　個霊は向上して子孫を守る力を与えられる　其の加持力に依りて汝の家は栄えるなり　先祖を供養し悟らしめざる限り家の繁栄ある事なし」（神典第十部）とあるごとく、如来聖者と縁を結び、救いの手を差しのべて先祖の供養をしなければ家族の真の幸せは得られないのだ。

生きていることが既に有難い

神を信ずればおのずと感謝の念が涌いてくる。一粒の米にも一滴の水にも、日にも月にも他人のはたらきにも有難いと感謝する、そこに神の救いがあるのだ。

私たちは神の生命を頂いて存在するから霊止《ひと》と言う。「日の留まる所之を人と言う　神の生命の宿り給いて生を発す之を人生と言う」（祈願十字妙法力前経）とあるように、私たちは神の子であり神によって生かされているのである。久遠に流れる生命の御光を宇《う》けて地上に相を現している神の子である。

神を信ずる者は振り返り見返りて自分が神に生かされている神の子であることを知り、また全ては神の御心によって存在し修行していることを悟り、如何なる逆境にあってもこれ修行なりと感謝する。さすれば逆境は変じて光明となり地獄は一瞬にして浄土と化すのである。

百日の行の徳も一言の愚痴一瞬の怒りで消滅し業障の海と化すのである。霊界での三年にわたる厳しい修行がこの世での修行の一日に匹敵すると言う。だからこの世に人間として生まれることを望む霊が数多く存在するのである。

今ここに生きていることがすでに有難いのであり愚痴をこぼしたり腹を立ててはならないのだ。

心の内で真理を悟る

花を見て美しいと思うのは、その人の心に花の美しさがあるのであり、犬や猫など動物が花を見ても美しいとは感じないように、私たちが神を拝むのは心の中に神性が存在するからである。

自らの心の内で真理を悟ることを内証と言い、その内証の神を強く信じ神の実相が我が生命の実相と信じて現すことである。そこに救いがあり、また病から脱して健康に、貧しさから富める人の実相が現れてくるのである。

「白衣者は常に肉体無しと身そぎして　内なる神の声を聴き能く守りて怠らず洗霊修行いたすべし」(神典第十五部)とある。

百合の花はすでに球根にあるように、私たちの心の奥底には宇気母智の親様から頂いた神性がある。乳児が母の懐にあるとき真の安らかさがあるように、私たちは宇気母智の親様にすがれば真の安らぎと救いが現れるのである。

いろんな手立ても要らない。ただ神前にお参りして神に全てをお任せすることである。どんな無理でもおねだりすることである。

霊魂こそ一番大切な自分である

今すでに救われていると実感できることはたいへん有難いことである。

高天原に成りませる顕性結霊《あらわれむすび》、幽性結霊《かくれむすび》のおはたらきが永遠に限りなく続く。そして生き生きて絢爛たる美しい花の中にも、この上なく尊くこの上なく美しき神の御光が拝される。

私たちが生きているのは皆神の生命によって生かされているのである。肉体は消滅し意識が移り去っても、真の我である霊魂は変わることなく消滅することなく永遠に生き通しである。この霊魂の救いこそが真の宗教であり真の信仰である。

病気を治すことや商売が栄えることなどは救いのほんの一部分にすぎない。それは海上に浮かんでいる氷山のようなもので、水上に見える部分がいかに大きくても、それは全体ではなく水中に沈んでいる部分の方が何百倍も大きいのである。生命もこれと同じように、霊魂の上に一時的に表現された精神・意識や肉体は、真我の全てから見ればほんの小さな一部分にすぎないのだ。

神に生かされ生きている者、すなわち霊魂こそが一番大切な自分であり、肉体や意識分別などはその一部分にすぎない。私たちが生きているのは自分の力では無く、天地万物全てが天地に充ち満せる神の生命によって生かされているのである。

神の愛は平等である

この世に生まれた瞬間に人々には個人差がある。容姿ばかりでなく環境も何もかも個人差がある現実の相を見て神は不平等だと言う人がいる。それはこの世に誕生した状態が全ての始まりであると錯覚している人の考えにすぎない。

「宇気母智大神と申し奉るは　我ら一切衆生に霊を分かち給い生きる全ての物を与え給う」（帰依礼拝文）とあり、さらに「久遠実在生き通しの神生命の御親宇気母智大神　霊を分け給いて己が相の如く完全なる罪なき人を創り給えり」（神典第一部）とある。

私たちの肉体の誕生は両親より受けたものである。けれど私たちの生命の真の御親は宇気母智大神である。完全なる罪無き状態であり全て平等であったのだ。私たちは今生きているこの宇宙現象界ができるよりずっと前から生き続けているのであり、これまでの生き方に個人差があったからこそ人生にも個人差が生じているのである。今深い信仰心をもって修行されている人も、全く信仰には無関心の人も、共に神の子であることに変わりなく、御親の神から観れば共に愛しい我が子である。我が子の愛しさに変わりは無く、自分が神の子であることを知っている人も、忘れてしまっている人も御親の神の恵みは平等である。だが受ける側の私たちに個人差あるからこそさまざまな人生があるのだ。

我は神の子であると信じて

般若心経の教えに病気は象徴として存在するのであり実在しない。ゆえに念を変えればこのしるしの病いは消えるのであるから、我は神の子であると信じて病み不幸の我は無い、我は神の子である、と自分の念を変えれば完全なる肉体の運命となるのは根本の理である。

だから教会にお参りして念を固めることが大切である。念を変える方法として、生命の親様を念ずること、神典経巻を読み心を固めること。

「信ずれば道は開け念ずれば現れ来るなり　信ぜりとて行ぜずば価値無し　何を信じ何を念じ何を行ずべきか　如来出生の一大事因縁と心得て究境して怠るなかれ」(神典第七部)とある。

こうすればこういう御利益があるという行いは真の修行ではない。何も得るところの無い求めない信心こそ真の信心であり真の修行である。愛もまた斯くの如し、菩薩は無所得の愛を以て私たち一切衆生を導き救ってくださるのである。

私たちは生きていることがすでに有難いのであり、神の恵みを受けて生きていることがすでに有難いのである。それに感謝するのが信心であり修行である。

仕事とは

「仕事」とは事に仕えると書く。「事」とは神のことであり「仕事」とは神に仕えることである。神のことを「まこと」「みこと」と言う。因みに英語では「こと」が濁って「ゴッド」と言う。

肉体やそれに属する全てのものは因縁によって現れたものであり因縁の尽きたときに消滅する。神より与えられた生命は真実にして不滅であるがゆえに「命」と証して「みこと」と言う。「命」とは神である。

食べるためのみに働くのであればそれは単なる労働であり、もはや仕事ではなく畜生の生き方と何ら変わりは無い。働くとは自分の利益を得るためだけではない。自分の傍《はた》が、すなわち家族や社会のため、自分以外の者が「楽」になることこそが働くということ。傍が楽になる行いをはたらくと言う。他のために働くのが神の子の生き方である。生きていること自体が絶対の幸福感であることを「楽」と言う。

帰依する神は私たちの生命の親様である天之御中主なる宇気母智大神である。唯一神道の白衣者は、まず仕事が修行であり、仕事の時間を割いてまで熱心に神典経巻を読んだとてそれは真の修行とは言えない。

弔いとは

「弔い」とは人の死を悲しみいたむの意にて葬式野辺おくりのこと。

肉体から霊魂が離れた状態が死であり霊魂が死んだのではない。霊魂は未来永劫生き通しの生命である。

その霊魂が、自分の相であった肉体に対して「お世話になりました」と感謝の念を以て礼拝するのである。通夜や葬儀に参列して送ってくださる方々と、肉体から離れた霊魂が「共に礼拝」するから「ともらい」と言い「とむらい」になったのである。

前世や今この世に生きているときに、信仰によって如来聖者と縁を結んでいない限り、肉体だけが死んで、肉体から離れた霊魂はこの三界を解脱して高天原実相界に還らないかぎりそのまま幽界に行き、迷界や現象界という三界を輪廻して永遠に生き続けることとなるのである。

今この世に生きている我が相の肉体を、自分の真実の相であると思うからさまざまな煩悩に悩み苦しむのである。

第二章　唯一神道のことわけ

唯一神道神ながらの道とは

「神と我とは無二一心唯一なるが故に唯一神道と名付く」（神典第六部）とあり、私たちは神の子であるから神の国高天原に住していたが、感謝の心を無くしたために高天原を追われてこの宇宙現象界に遷されて、今この世に生きているのである。

そして幽界・迷界・現象界なる三界を輪廻して生き、苦しみ悩む私たち一切衆生を救うために、この三界より解脱して神の国である高天原に還る道を説かれたのである。

「三界に生じ苦しみ悩めど此より解脱する道を知らず　神哀憐《あわれ》み給いて救いの道を明かし給えり唯一神道神ながらの道なり」（神典第一部）とある。

私たち一切衆生を救うために、神祖阿耶惶根命《あやかしこねのみこと》が一切衆生のなかの最も優れた者として伊弉岐命を選ばれ「唯一神道神ながらの道」を開かれたのである。

神勅を受けられた伊弉岐命《いざなぎのみこと》が、筑紫の日向の橘の小戸の憧原にて身そぎ洗霊をなされたとき、まず始めに「左の御目を洗い給う時に現れ坐せる天照皇大神」（神典第十四部）すなわち心の窓を開くときに、無辺光如来本体である天照皇大神の光明体を拝せられた。そして次に「右の御目を洗い給う時に現れ坐せるは月読命　自我に執着し真我を忘れ業障の暗に彷徨《さまよ》う我々を救い給う理気の神なり」（神典第十四部）とある。そして次々と現れたのは命法の理と気の神々である。

「一切衆生を救わん為に　神の愛を地上に現さん為に不完全なる肉体の枠の中に在りて　汝らの

為に命法の道大光明神典を説き給えり」（神典第十二部）とあるごとく、阿耶惶根命の末なる天覚男命によって「大光明実相神典」を説かれたのである。

「顛倒夢想するが故に三界に生じ苦しみ悩めどもこれより解脱する道を知らず　神無限に我らを慈しみ給うが故に如来聖者を使わし給い救いの道を明かし給えり　即ち唯一神道神ながらの道なり」（神典第三部）とある。神ながらの道を歩み、三界を解脱して神（霊神）となる修行をし、高天原に還ることこそが人生最大の生きる目的なのである。

高天原という「完全実相の世界は我が思慮分別の及ぶ所に非ず　只帰依信ずる者のみが神の御国の扉を開くなり」（神典第六部）とあり、信ずる者のみが救われるのである。

「宇気母智大神より流れ来る健やかに幸い尽きる事なき自性を信じ念ずる者のみが神の御国に住するなり」（神典第六部）とある。

唯一神道神ながらの道を開かれたのは加賀白山妙理大権現と祀られている伊弉岐命・伊弉美命である。白山比咩神社は、養老元年（七一七年）に泰澄によって修験道の霊山として開かれたと言われる。

高天原とは

「高天原」の高は縦であり、無限の時間を示し久遠の生命を表す。「高天原」の原は横に空間の光明を示す無辺光が唯一であることを表す。「高天原」の天は宇宙の全てである。高と原とが交叉して、円融自在に相和し円満なるを天と言う、高天原真如の極みである。

伊勢神宮社殿の屋上にある破風が延びて交叉した二本の木の先端、千木が外宮は垂直に切れており内宮は水平に切れている。内宮の水平は無辺光を表し「高天原」の原であり、無辺光とは充ち満つる御光にて天照皇大神を表している。外宮の垂直は無量寿を表し「高天原」の高であり、無量寿とは限りなき生命にて豊宇気大神を表している。

高天原は「永久《とこしえ》に不変《かわ》らぬ実相の世界なり　万の物意のままに現じ用足りなば消え散ず　自由にして自在なる」（神典第二部）神の国であり「高天原の実相は思慮分別の及ぶべきに非ず　妙々不可思議なり」（神典第二部）とある。

イエスという使わされた神を十字架に架けて否定したところに久遠実在の生けるイエス・キリストが現れたのである。十字架の縦に貫く線は高であり永遠に生きる生命、横に貫く線は原であり救いの光。高と原、すなわち高天原。この十字架こそイエス・キリストの真の復活である。

宇気母智大神

古事記、上巻の始めに「天地《あめつち》のはじめの時、高天ノ原に成りませる神の名は天之御中主ノ神《あめのみなかぬしのかみ》。次に高御産巣日ノ神《たかみむすびのかみ》。次に神御産巣日ノ神《かんみむすびのかみ》。この三柱の神はみな独神成りまして身を隠したまひき」とある。

「天之御中主ノ神」とは、「天」は宇宙の全てであり、「御中主ノ神」とはその中心の主なる神であり、宇宙に存在する一切諸法《すべてのもの》の創造の神であり、私たちの生命の親様であり、唯一神道では、「宇気母智大神《うけもちのおおみかみ》」と言う。

旧事本記、神代の巻の始めに「宇宙ひらくのはじめ、高天原に成りませる天の御中主宇気母智大神、独り神に坐してかくり身に坐せり、次に成り坐せるは高微結霊神《たかびむすびのかみ》、次に神微結霊神《かんびむすびのかみ》、この二柱の神もかくり身に坐せり」とある。ひらくのはじめとは、始めなきはじめ終わりなきはじめにして我が思慮分別の及ぶところではない。この絶対なる神を名付けて宇気母智大神と言う。

「そもそも宇気母智大神と申し奉るは　我ら一切衆生に霊《みたま》を分かち給い生きる全ての物を与え給う宇宙本源の大生命大光明体に坐して」（帰依礼拝文）　宇気母智大神の御心が「命波は即ち顕性活動の高微結霊神、幽性活動の神微結霊神、此の二柱の神は唯一の命波にて一切諸法を織り成せる理気の神なり」（神典第十三部）とある。

「高微結霊」の「高」は現れること、生まれること、見ゆること。

「神微結霊」の「神」はかがむこと、隠れること、見えざること。

神微結霊の幽性活動と、高微結霊の顕性活動によって宇宙大生命を創り日月を創り、我たちが住む地球大地も造られたのである。

「宇」は宇宙の全てであり「気」は心であり「宇気」とは天の御中主である。全てを生み給うがゆえに「母」であり、救いであるから「智」である。「母智」は慈悲であり愛の救いである。

「宇気母智」とはこのように尊く有難い御名である。

「天地開発《あめつちひらく》の初め　高天原に成り鳴り響き給いて一切諸法を創造《つく》り給える大神霊　生命の大根本の御親宇気母智大神　顕性結霊《あらわれむすび》　幽性結霊《かくれむすび》て一切諸法を織り成す」（祈願十字妙法力前経）のであり、宇気母智大神のそのおはたらきが、ついに宇宙現象界となって命波《みことば》が成り現れたのである。

呼吸によって生きる私たちの息は、吐く息と吸う息によって成り立ち、その神の顕性結霊の吐く息を高微結霊神、幽性結霊の吸う息を神微結霊神と名付く。

この二柱の神は唯一の神であり、かくり身に坐せり、宇気母智大神の命波に坐せり。我が生命の御親の神、宇気母智大神こそ正しい大根本の神である。私たちが帰依する神はこの天之御中主なる宇気母智大神である。

自覚を通して超自覚に至る。外宮内宮へ参拝したならば、そこに神は唯一であると知ることであろう、そこに唯一神道のいわれがある。

天照皇大神

「分身十方世界に充ち満ちて限りなく我らを生かし給い恵み給う　無辺光如来なる天照皇大神真如の法身絶対無二唯一の大心霊に坐さば　諸天善神八百万の神達悉く帰依奉らせ祈り給える大神なり」（神典第八部）とある。宇気母智大神が宇宙創造の神、すなわち真如であり、その真如の法身が天照皇大神である。

全ての中に充ち満して私たち一切衆生を生かし給うがゆえに天照皇大神であり、「天」とは宇宙の全てであり、「照」とは光のおかげであり、「皇」とは主なるである。このように私たちは神によって生かされていると天照皇大神を礼拝するから内宮であり、また自覚内証の神、真我を見証するから内宮である。

私たちは神によって生かされている真我の実相を祈り福すから内宮である。

天照皇大神は最高神の地位の神であり高天原の主宰神である。

古事記では天照大御神という神名で統一されているのに対し、日本書紀では天照大神とされるが別名、大日孁貴神《おおひるめのむちのかみ》・大日女尊《おおひるめのみこと》など複数の神名が記載されている。

伊勢神宮では皇大神宮（内宮）に天照坐皇大御神を祀り、天照大御神として知られ、日本全国で一万八千社ほどで祀られていると言われる。

豊宇気大神

「命波《みことば》は普く天地に成り遍る超不可思議なる妙理法則久遠実在燃え盛る不滅の大生命なるが故に豊宇気大神と申すなり」（神典第八部）とある。宇気母智大神よりの生命が無量寿如来となり、豊宇気大神と名付く。

「久遠実在生き通し全ての者に生命の息吹を与え給う　無量寿如来の御光は十方世界に充ち満せる豊宇気大神」（神典第五部）は、自覚の神を祈り現してここに天地を創り日月全てを造り我を生かし、また久遠に生き通しの神を悟る、超自覚の神を礼拝するから外宮である。

生命の火が赤々と燃え盛るがゆえに豊であり、久遠実在生き通しの神なるがゆえに宇気である。「豊宇気」とは燃え盛る宇宙大生命である。豊宇気大神と祀るから外宮である。

豊受大神宮（伊勢神宮外宮）に祀られ、衣食住の守り神、豊受大御神として知られている。

「古事記」には豊宇気毘売神と記され「日本書紀」には登場しないが、豊受姫命・登由宇気神の他にも別称がある。

唯一神道では「豊宇気大神」と言う。

如来とは

「如来」とは「如」から「来」たるの意にて「如」は真如のこと。

「如は宇宙本源の神　来は来たる事なり」（神典第四部）とあり、真如とは宇宙の全てにわたって存在する根源的な実体・法性・実相を言う。宇宙に存在するこの地球も太陽も星も、全て宇宙の法則によって生かされている。宇宙本源の大生命大光明なる神が宇気母智大神であり、その宇宙の法則を表したのが法の身《からだ》、すなわち法身《ほっしん》である。

「無辺光如来なる天照皇大神　真如の法身絶対唯一の大神霊に坐せば　諸天善神八百万の神達悉く帰依奉らせ祈り給える大神なり」（神典第八部）とある。

月の光は月の実体より放たれたものであり月を離れて光は存在しないように、如来とは宇宙本源の神である真如より放たれた光である。

如来はサンスクリット語タターガタの訳語で「真理より来た者」「真実に赴いた者」などの意味を持ち、真実とは絶対の真理・真如である。

「我ら一切衆生を救わん為に如より来たり給いて命法の理の気を説き給える聖者の教えは信ずべし　其の教えの大恩に敬い仕えるは洗霊行の大道なり」（神典第十一部）とあるごとく「如《かみ》」よりの使者として命法の理の気を説いてくださった聖者が如来である。

釈迦というインド人の肉体を否定したとき永遠に生きませる仏が現れる。永遠に法を説き衆生を救ってくださる応身仏である。

釈迦もイエスも、人間としてこの世に現れたからには凡夫であり、それゆえに修行の行程にもいろいろ欠点があったであろう。しかしそれがひとたび「宇気」という神の光をもって成されたとき、復活される仏と成り神と成って、真如より、すなわち生命の親様よりの使者として、如来となってこの世に現れ、法を説き私たちに救いの道を説き導いてくださったのである。

如来とは多宝薬師如来・阿弥陀如来・釈迦如来などのこと。また如来とは呼ばれていないが、観世音菩薩や地蔵菩薩など他にもたくさんの如来が私たちを導き救っていてくださるのである。仏教では仏の最高位が如来であり、如来は宇宙本源の神より放たれた光である。

大乗仏教における仏の三種の在り方を三身と言う。「十地経論」（インドの世親著）巻三には「一切の仏に三種の仏あり。一に法身仏、二に報身仏、三に応身仏なり」とあるが、唯一神道は金剛界の立場であるから、天の理、地の法、人の道がこの三身である。真如は宇気母智大神であり、真如の法身が天照皇大神である。

そして報身とは十字妙法力であり報う身と書く、長い間の菩薩の修行が報われて報身仏となる。そして薬師如来となり阿弥陀如来などの相を現して、人々の悩みや苦しみから救って頂けるのである。

応身とは光と命であり、応身仏とは釈迦やイエスのように実在の人物が仏になった相を言う。

信心と信仰と供養

信心と信仰そして供養、これが大切な三つの要素である。
「全ての草木種子がたゆまず生長に努力している如くに　洗霊修行も怠りなく励しまねば進化せず洗霊行に三つの事義あり　一つには帰依感謝の道なり　二つには信じ敬い仕えるの道なり　三つには供養報恩の道なり」（神典第十一部）とある。

信心（帰依）とは

信心とは心を信ずると書く、心とは自分の心を信ずることである。自分の心とは我が心は神よりの生命であると信ずることが信心であり、生命の親様に感謝帰依することである。

帰依とは「帰命頂礼」と同意義である。私たちに生命を授け生かしてくださっている真の生命の親様のおかげであると感謝し帰依するのである。帰依する神は天の御中主の神である宇気母智大神である。

信仰とは

仏教でもキリスト教でも私たちに救いの道を説いてくださった如来聖者の教えを信じ敬い仕えるから信仰である。釈迦も阿弥陀もイエスも、その他たくさんの如来聖者が存在し、私たちに救いの道を説いてくださった如来聖者の教えを受け継ぎ信仰するのであり、如来聖者の教えに対しての信仰であり、生命の親様に対する感謝帰依ではない。

供養とは

供養とは供に養うと書く。田畑に施す肥料を「やしない」とも言うように、先祖にご飯やお茶や花、生前好物だった食べ物などをお供えし、お経を読んで供養するのであるが、その供養によってそれを受ける先祖はもちろん、供養する私たちも供に功徳を頂けるのである。つまり供養をする人もされる人も「供」に「養」いを、すなわち供に功徳を頂けるから供養と言うのである。

その「供養門に妙法の二事あり　神典経巻を読み奉りて先祖先亡知己の霊を慰め又悟らしめ　家内荒神を始め家を守り給う神々の威光を増長せしめ　又一切衆生の迷執《まよい》を破り主なる神に帰依せしめ十字妙法理気を賛嘆せしむ　護法善神歓喜し給う所此れ妙の供養なり　灯火《あかり》を献じ香を薫じ花を捧げ珍しき品有らば供え食物を供え供養するは法の供養なり」「報謝の念は布施行となり供養の門となる　天地の中に何一つとして我が物は無し只因縁に依りて暫し我が物と現じ有るのみ　施す物も無く施こさるる物も無し　然して我が物として施こし供養し洗霊行をさせて頂けることを感謝せよ　感謝の念が真の布施行を成就するなり」（神典第六部）とある。

供養の「供」は数字の「九」をも意味する。供養の徳を数字の「十」頂けるならば、その内の「一」が供養を受ける先祖の功徳となり、残りの「九」は供養する人の功徳となるのである。だから供養はしてあげるのではなく、させて頂くのである。

「如何に良田なりとて種子蒔かざれば収穫無し　種子惜しみなば刈り入る所少なし　供養の種子蒔かずして救いの収穫なく　施しの種子惜しみなば幸福を刈り入る所少なし　妙法供養汝の霊を生長せしむ　惜しみなく汝の持てる力を以て世の為人の為に奉仕せよ」

（神典第六部）とある。

そして今ここに生きているのは肉体の親である父母先祖のおかげであり、守護してくださっている諸天善神のおかげであると感謝し供養するのである。

信仰に無関心だった人がはじめて読経を聞いても意味がよく理解できないように、この世で信仰に縁が無かった先祖の方々が、この世の家族から供養を受けて神典経巻を読んで頂いても、神典経巻が持つ力によっての救いはあるが、深く理解することは難しく真の救いは得られない。そこで如来や諸天善神との縁を結び、導きを受けて救いを得ることがとても大切なのである。

三界とは

一切衆生の生死輪廻する三界、すなわち私たちが住むこの宇宙の現象界、肉体死後の世界である幽界、生きとし生けるものが流転する境界である迷界に住する一切衆生を救うために、この世に現れたお釈迦さまですら八千回の輪廻転生を繰り返されたのだから、罪深き私たちは一万回近くにも及ぶ輪廻転生を繰り返えしてきたのであろう。

この「現象の世界は迷いの念の集積たる業の穢れを祓い清めて美しく健康《すこやか》に幸いなる神の実相を現しめんが為　神我らに肉体の衣を着せ給いて苦厄の相を現ぜしめ　我らの霊を清め給うものとして唯一神道の人々は苦しみを不幸とせざるなり」（神典第二部）とあり、「我は神の子と信じ健やかに幸いなりと念ずる時は病み不幸は消え散ずるなり」（神典第九部）とある。

今こそ神のお導きである「唯一神道神ながらの道」を歩み、三界を解脱して実相界である神の国、高天原に還るための修行に励むべき絶好の機会を与えられているのである。

そして三界は唯識の所変なるがゆえに、明るく幸せであると念じて生きることである。

唯識とは一切の存在はただ自己の識（心）の作り出した仮のもので識のほかに事物的存在は無い。

八百万の神とは

我が国は八百万《やおよろず》の神の国と言われている。八百万の神とは神の数がきわめて多いことである。はじめに「天之御中主ノ神」あり。宇宙のその中心の主なる神であり、宇宙に存在する一切諸法《すべてのもの》の創造の神であり、私たちの生命の親様であり、唯一神道では宇気母智大神と言う。その天の御中主なる宇気母智大神の霊動が十柱の神と成る。

天の五理気の神

高微結霊大神　顕性活動の霊波の神、
神微結霊大神　幽性活動の霊波の神、
宇麻志葦芽日礙地命　太陽の神、
天常立命　天体水気の神、月、星の神、
国常立命　大地の土精の神、地球の神、

地の五行の神

大殿主命　大空の主なる神、
阿耶賢根命　本心の智恵の神、
面足命　感謝礼拝の神、

伊弉岐命　　　　陽の神、（プラス）
伊弉美命　　　　陰の神、（マイナス）

神からみれば一つの星が一つの国である。それぞれの星にはそれぞれの星を司る神が存在する。地球を司る神が国常立命であり、またの名を国狭土命、またの名を猿田彦命と言う。地球以外の星を司る神が天常立命であり、太陽を司る神が宇麻志葦芽日礙地命である。

唯一神道の神々が木曽駒ヶ岳に祀られている。駒ヶ岳頂上に祀られている駒ヶ岳神社は、里の宮（駒ヶ岳神社）より遙か東にあり、第一の高峯に鎮座しその後年代を経るにしたがって多くの神々を諸峯に祀られてきた。

「謹請再拝再拝駒ヶ岳に天降り鎮まり坐す　我御親宇気母智大神　一切衆生を哀愍れみ給いて衣食住を司り守り給う　香の煙は幽かなれども天に通じて天降り鎮まり坐ませる御山を拝し奉らば自ら金剛法界絶対無二の蜜場を現し三十六峰の大神々　或いは現れ或いは来たり神徳荘厳光華迷彩と鎮まり坐す　一度御山を拝し奉らば諸天善神速やかに来たり給いて左右に付き添い心願成就守り給う　二の峯は玉ケ峯なり　天照皇大神　慈悲の光明天地を照らし一切衆生を救い給う無辺光如来なり　三の峯は宝剣岳　大山祇命　覚親恵大神

和合山には　伊弉岐命　伊弉美命　此の二柱の神は天地根元妙理の大権現なり

霊神出現の傍らには　天手力男命　天香具山命　天宇豆女命　天太玉命　天児屋根命　坐して駒

ヶ岳御神楽守り給う
五の峯は前ケ嶽なり　開山　日本武尊　寂本霊神　心明霊神
駒岩岳には　天御中主大神　高微結霊大神　神微結霊大神
枝社には天地開闢　国常立命　大巳貴命　少名彦名命　御岳山大権現なり
行者ケ岳の御鎮座は　神変大菩薩　役行者尊
御岳山を胎蔵界　駒の御山を金剛界　無二の霊場と悟り給いて　金剛蔵王大権現を祀り給えり
八の峰は麦草岳　大日坊大明神　我が駒ヶ岳教会守護の大明神　世々代々守り給う
三の沢は秋葉山大権現　金比羅大権現　一の池には女竜王　豊玉姫命
二の池には男竜王　伊吹戸主神　三の池には四大竜王　大海津見命　瀬織津姫命　速秋津姫命
速佐須良姫命　祓戸の大神に坐して罪穢れを祓い給い清め給う
蓮花岳は八合目　金剛恵明観世音大菩薩なり　行者の真智菩提心を守り給う
見晴岳の御鎮座は　普賢大菩薩　文珠利大菩薩　豊組野命　国狭土命
金懸には　大日大聖不動明王　四大八大諸忿怒尊　発大清浄願の滝は衆生煩悩の垢穢れを洗い落
とし　真如の影清く敬神の滝の上にあり　霊神場の護摩供養　諸天善神歓喜して功徳の花を天降
らし不幸災難消滅す　護法の善神　我が三密を加持して真我の実相現前す
荒川には　覚綾地蔵大菩薩　女子供を守り給う
惣じて御山一山の大神々　我ら御親の神に帰依し奉る」（駒ヶ岳御山拝詞）

南無十字命法理気救成就　1

　救いを得たいと望むならばまず祈ることである。

「南無十字命法理気救成就《なむじゅうじみょうほうりきそわか》」と唱えて祈るのである。これは神を讃え神にお任せして、神の御意によりその思し召しに適うために祈る真言である。

　私たちは身も心も財宝も全て神より与えられたものと信じ、生きることも死することもお任せする神は私たちの真の親であり愛の御意なのである。

　たとえひととき地獄の苦境にて試練することになったとしても、それは御親の神の愛の御意であるがゆえに私たちをより良きに導いて頂けるに相違ない。

　起きるときも口に出るのは「南無十字命法理気救成就」にて、一日暮れて床の中でも心静かに、「南無十字命法理気救成就」と唱えるのである。

　妙は真理なり、法は清浄なり、理気は救いなり。真心を以て神におすがり申さねばならない。疑うことは不幸なことなのだ。私たちは全て祈って願うことすでに得たりと信じて祈るのである。

南無十字命法理気救成就　2

南無　　自我を棄て去り大我に帰一すること、阿吽、帰一とは神と我とが一つに成る心、

十　横　無辺光如来（天照皇大神）一切に遍り充ち満せる救いの光、

　　縦　無量寿如来（豊宇気大神）限りなき生命、

字　　　我々の霊（命）に神の救いが現れること、

妙（命）宇宙本源の大生命、真理、神、

法　　　神のおはたらきで現れている宇宙現象世界、清浄、相、

力（理気）神の救い、その活動を地上に伝える如来、用作、

救　　　南無と祈る真心による現れ、

成　　　その真心により成り立つ、

就　　　心願が叶うこと、

駒ヶ岳信仰と御岳山信仰のかかわり

駒ヶ岳信仰と御岳山信仰とは金胎両部である。金胎両部とは金剛界と胎蔵界の両部であり、金胎不二、両部不二と言われ、二つでありながら一体であるとする根本思想によるものである。駒ヶ岳信仰は金剛界の修行であり、御岳山信仰は胎蔵界の修行である。

金剛界と胎臓界の修行の違いについて、生前の天野覚元会長から「たまねぎ」をたとえに教えを頂いた。たまねぎを一皮ずつ剥いていき、剥き終わってたまねぎを知るのが胎蔵界の修行であり、始めから包丁で半分に切ってその断面を観てたまねぎを知るのが金剛界の修行であると。

駒ヶ岳金剛界の修行は、私たちは始めから神の子であると確信して修行をするのであり、宇宙はそのための洗霊修行道場である。

御岳山は胎蔵界の修行であり、胎蔵界の胎は母胎の胎の意にて胎児は生命の芽生え、すなわち信仰心の芽生えが胎蔵界であり、胎蔵界の修行は私たちが修行を重ねることによって罪穢れを祓いながら神に近づき、やがて霊神に成るための修行であることの違いがある。

御岳山信仰にて重潔斎のうえ厳しい修行を成して霊神となられた方であっても、そのまま駒ヶ岳金剛界に入ることはできない。それは金胎両部である胎臓界の修行のみで、駒ヶ岳金剛界との縁をこの世で結んでいないからである。

御岳山信仰にて霊神と成られた方であっても、駒ヶ岳金剛界での修行を望むならば、再びこの世に生まれ変わり、唯一神道と縁を結ばねば叶わないのである。

御岳山信仰の修行者がこの世で駒ヶ岳金剛界の修行を望むのであれば、この世で唯一神道と縁を結び修行することとなる。

生まれた幼児がだんだんその精神が明確になり、やがて一人前の念を現すのはそうなるのではなく、元よりの大人としての意識が現れて来るのである。

不透明の器に光体を入れても外部に光が漏れないように、その器が透明になるにしたがって光が外部へ漏れて出るように、赤ん坊の意識が白紙の如く光らないのではなく、脳髄が未発達のために外部へ作用しないのであり、その脳髄が発達するにしたがって、大人としての人格という精神状態になるのである。それによって凡夫として未完成の状態になるのである。

修行をして器を透明にすることによって完全なる生命が現象の器を透して現れてくるのだから、その様子を胎臓界の修行と言う。

そして我々が本来神の生命を、生命の境地から、霊界から観るのを金剛界の修行と言う。

木曽駒ヶ岳信仰の歴史

景行（七一～一三〇）四十年代、第十二代景行天皇の第三皇子、双子の弟である日本武尊（生年不詳～景行四三）が、東夷征伐を終えて信濃より美濃を経て尾張へ向かう帰途、木曽駒ヶ岳に登山され、駒ヶ岳の美しさに魅了されて、山頂に倉稲魂命、またの名を保食大神、またの名を豊宇気姫命を、農業・養蚕・牛馬を守護する神として祀られたのが始まりである。

暦応元年（一三三八）高遠家親が、伊那側からの登山道を開設し八社の大神を祀られた。山頂には保食大神を主祭神とした伊那駒ヶ岳神社が存在する。

その後天文元年（一五三二）七月、徳原長大夫春安が頂上に雨乞いの神として、駒ヶ岳神社（保食大神・豊受大神）を創建された。駒ヶ岳霊神場には「徳原信濃守春安命」として祀られている。

天文元年（一五三二）八月一日、徳川慶勝の代理として木曽御木材局長、山田貫一郎が登山して駒ヶ岳神社を再建され、完成は天文三年（一五三四）駒ヶ岳の麓、徳原地籍に駒ヶ岳神社を遷し、里の産土神として崇敬され、西京神祇伯資訓王奉幣し駒ヶ岳大神宮と定められた。

諏訪郡平野村（現在は岡谷市）出身で、木曽御岳講の林寂本行者が駒ヶ岳開山を志し、伊那側からの登山道を開き、文化元年（一八〇四）七十五歳のときに開山を遂げ、宝剣岳に錫杖を奉納されたのが文化八年（一八一一）のことである。

その後愛知県犬山出身の心明行者が、上松側から開山に尽力され現在の登山道ができた。

現在も登山道には多くの建造物があり、頂上には木曽側と伊那側にそれぞれ駒ヶ岳神社がある。日本武尊による駒ヶ岳開山からおよそ一九〇〇年を経て、唯一神道駒ケ嶽教会会長、天野覚元（一九〇四～一九九三）が二十歳のとき、三合目に駒ヶ岳霊神場を開設。五十年後、三合目、現在の場所に霊神場を移設。移設を機に頂上への登拝をやめて駒ヶ岳霊神場を主たる修行道場と定められた。

宇気母智大神の「御神影を祀り在るは駒ヶ岳伊勢内宮外宮の御社なり　殊に拝し奉るは駒ヶ岳霊神場護摩壇なり」（帰依礼拝文）とあるごとく、御中に宇気母智大神、左右に覚綾地蔵大菩薩、大日大聖不動明王、東方に多宝薬師如来、南方に金剛恵明観世音菩薩、西方に阿弥陀如来、北方に釈迦如来を祀り護摩壇を完成。駒ヶ岳金剛界の洗霊修行道場が完成し現在に至る。

木曽御岳山信仰の歴史

木曽御岳山がご神体で、大宝二年（七〇二）に修験道の開祖と言われる役小角（六三七〜七〇六）が開山し、国司の信濃守高根道基によって奥社（山頂）が開かれたのを創祀とする。

宝亀五年（七七四）国内に疫病が発生した。そこで国司の信濃守石川望足が、主祭神として造化育成を司る天地の大元霊の神として国常立命。慈悲円満にして耕作豊穣を護り、子宝を授け縁結びを司る福徳の大神として大巳貴命、またの名を大国主命、またの名を大物主命、またの名を葦原醜男、またの名を八千戈神、またの名を顕国玉神など。長寿を護り病難を癒し禁厭を司る霊妙神として少名彦名命。この三柱の神を御岳大神と奉称し、疫病の平癒と退散を祈願した。これがその後の御岳登拝につながったとされる。

「天に成りて天常立命　七曜九星二十八宿の神現れ結び秩序正しく天の道定まりて毫釐も違わず地と結び給いて国常立命成り給えり　即ち理気応現の神にして主なる神の応現なり　御岳神社は此の神なり　此の二柱の神又絶対の神にて隠り身なり」（神典第十三部）とある。

国常立命とはこの地球を司る神にて国土の主である。大巳貴命と少名彦名命はこの国造りに尽力された神である。

御岳山の集団登拝はすでに室町時代から始まっていた。そのころの御岳山登拝は重潔齋を行った者のみが許されていた。

重潔斎とは本精進は四月八日から百日間行われる。その他に七十五日間の潔斎は、湯道精進・合力精進・女精進もある。精進に入ると衣類は白衣を用い、食事道具も一切新しい物を使い家族とは別に食べる。精進期間中は男女同衾を禁じ五辛（にんにく・らっきょう・ねぎ・ひる・にら）と、魚や鳥など動物の肉を食べないなど、かなり厳しい潔斎が行われていた。また千度の拝として六月六日から十三日まで里の宮で行われる礼拝行事で、六月六日の昼と十二日の朝昼夕と述べ六七三度の礼拝を行っている。

覚明行者が、天明二年（一七八二）御岳山の支配者で当時黒沢村にあった御岳神社の神官、武居家に「軽精進の潔齋」による一般信者の登拝許可の嘆願を繰り返したが拒否されている。理由は軽精進によるみだりな登拝は数百年間続く慣例を破るものであり、御岳山の神域を汚すと考えたためである。それでも拒否された覚明行者は屈することなく、天明五年（一七八五）の夏、無許可のまま多くの信徒を連れて頂上登拝を強行された。

その後武居家を始めとする反対勢力の弾圧を受けたが、覚明行者は登拝を続け黒沢口の登山道の改修にも努められた。

天明六年（一七八六）六月二十日に事業遂行の途中、御岳山上の二の池湖畔で病み、その生涯を終えた。没後その功績が認められ、寛政四年（一七九二）には、武居家より正式に軽精進による登拝の許可が下り、これによって御岳山信仰が木曽周辺の狭い範囲から全国的な広がりへと発展した。

覚明行者は、享保三年（一七一八）三月三日に尾張国、春日井郡牛山村の清左右衛門の子として生まれたが、生家は貧しかったため新川橋辺の農家に引き取られて育った。

普寛行者は、享保十六年（一七三一）武州秩父郡大滝村で木村信次郎の五男として生まれたが、幼い頃に浅見家の養子となって好八と名を改め後に左近と名乗った。故郷にある高雲寺の日照法印に勧められ修験者となり名前を普寛と改めた。

開闢登山を開始したのは、寛政四年（一七九二）六月八日だった。そのとき普寛行者が鎮めたのは、御岳山座王大権現、八海山頭羅親王、三笠山刀利天宮の三神であったが、後に国常立命、大巳貴命、少彦名命の三神を御岳大神と称して神道式に祀った。

普寛行者は四人の弟子と共に長年の夢であった霊峰木曽御岳山の開闢を成し遂げられた。

享和元年（一八〇一）九月十日、普寛行者は多くの弟子や信者に見守られながら生涯を終えた。享年七二歳だった。

神はなぜ宇宙現象界を創られたか

高天原実相界の御中主は宇気母智大神である。宇気母智大神によって生命を与えられた私たち一切衆生は「各々所を得て安らかに幸いに明るき神の国実相界なり」（神典第十三部）とあり、神の子であるから神の国である高天原実相界に住していたのである。

「然るに安らかさに慣れ幸いに慣れる時感謝の念薄らぎ　感謝の念薄らげば安らかさも有難さも遠のく　高天原は隠れ不幸の雲個霊を包むなり」（神典第十三部）とあるように、安らかさに慣れ幸せな生活に慣れてしまい、その生活が当たり前となり感謝の念が無くなってしまったために、高天原には住めなくなった私たち一切衆生のために「主なる神愛深し如何にして一切衆生を高天原に還らしめんかと八百万の神達を神集いに集い給い　神議りに議り給いて洗霊道場として大宇宙現象界を創り給えり」（神典第十三部）とある。

百三十八億年前、宇宙は存在していなかったがビッグバンと言われる現象が起きた。このビッグバンによって、現在宇宙に存在する全ての物質が一瞬にして生まれた。そして時間も空間も生まれたと言う。宇宙は無から生じたのである。

その後銀河系で大爆発が起きて太陽が出現した。この太陽を司る神を「芦の芽の吹き出る如く勢い強く日輪を結び給う　讃えて宇麻志葦芽日礙地命　理気応現の命波は宇宙創造」（神典第十三部）と表現された。

四十六億年前、どろどろに融けた原始地球が誕生した。地球の表面は溶岩に覆われていた。水蒸気や二酸化炭素を含んだ大量のガスが徐々に地球の周りを覆い尽くした。その原始大気はやがて地球が冷え始めると、ついに地球最初の雨となって降り始めた。これが現在の海水の元となったと考えられる。

「徐々に大地草木茂り一切衆生を生存可能と成る」（神典第十三部）に至り「此の時に高天原主なる神　現象界に衆生の個霊向上の道場として真に善しと見そなわし給いて一切衆生を降し給えり」（神典第十三部）とある。

高天原からこの宇宙現象界に遷されて、最初から人間として生まれることなど到底不可能である。とても小さな単細胞生物から始まり、生まれては死に、死んでまた生まれ変わり、序々に進化を繰り返し、魚となり、鳥となり、獣となり、輪廻を繰り返すことおよそ一万回を経て、ようやくにして今人間として生きているのである。万物の霊長である人間としてこの世に生きている。だが本能の赴くままに生きていれば、それは畜生の生き方と何ら変わりは無い。今生の生き方が畜生にも劣る生き方であれば、来世にまた人間に生まれ変わる資格は無いのだ。だから畜生以下の動物に生まれ変わることになってもそれは自業自得である。もし仮に蛇に生まれ変わるとしても、神示によればいったん人間にまで進化した霊魂であれば、マムシやハブのような毒蛇に生まれ変わることは無いと聴く。

「感謝の念を帰依の誠を以て為すは一切衆生の中の最勝身人身の内なり神性なり　畜類に無き恩

を知る報恩の念無きは畜類に劣るなり」（神典第五部）とある。

過去世には私たちも畜生として生きていた時代があり、進化して今人間として生きているのである。動物のなかで感謝の念があるのは万物の霊長である人間だけと聴く。その人間として生きている今、毎日感謝の心で生きているであろうか。

神示によれば、現在この宇宙には地球のほかにもう一つの星にも同じように人類が生存し、現在の状況は政治も科学も文化もほとんど変わらないとのことである。

さらにもう一つの星は、科学が発達しすぎたために八億七千五百万年前に滅びたと聴く。

多宝薬師如来はなぜ東方に祀られているか

「東方に多宝薬師如来と現れ給い　宝塔を開き常に妙法を転じ給い衆生の菩提心を涵養す　又病み不幸に苦しむ者に薬餌を与え財宝を授け救い給う」（帰依礼拝文）とある。大きな円鏡の中に一切諸法の相を写すように、一切の真理と事物を照見する正しい智が大円鏡智であり、多宝薬師如来である。

神の恵みに感謝する心を忘れ、真の我を忘れた業のために不幸災難に悩み風水害に苛まれ、業火戦火に焼き爛れ悲惨窮まりなきときにても、真剣に神に救いを求めるとき、最初に救ってくださるのが多宝薬師如来である。病み患い不幸災難から逃れたい、苦しみから救われたいとの思いから、神仏にすがる気が起きるのが信仰心の始まりである。一日の始まりは日が昇る朝であるように、信仰心の芽生えが朝であり東方である。なお五行説で青は春の色とされるが青は多宝薬師如来を表す。

神社は原則として南向きに建っている。地形などの都合で南向きが無理な場合は東向きとなる。家庭の神棚も同じ向きとなる。

神社と同じく南向きに立ったとき、日が昇る朝が東方であり左側である。日が昇り日が足りるから「ひたり」であり「左」と言う。日が足りて（温度が上昇することによって）水気が生ずる、すなわち「水のきわみ」であり、「みき」であり西側を「右」と言う。

南方には観世音大菩薩

「南方に金剛恵明観世音大菩薩　衆生困厄被りて無量の苦難身に遍むも　南無と至心に祈らば忽ち現れ救い給う妙智力　又白衣修行者の左右に付き添い修行成就守り給う」（帰依礼拝文）とある。

信仰心が芽生えて、神にすがる気が起きて、南無と至心に祈ることによってたちまち現れ救ってくださるのが観世音菩薩である。なお五行説で赤は夏の色とされるが赤は観世音菩薩を表す。そして唯一神道神ながらの道を歩む白衣修行者の左右に付き添い修行成就を守ってくださるのが金剛恵明観世音大菩薩である。


「衆生困厄被りて　無量の苦難身に遍むも　憂うるなかれ念ずべし」

「忽ち世間の苦を除く　観世音菩薩の妙智力　諸闇を破る火の如し」

「常に観音念ずれば心身共に健やかに功徳無量に与えられ　般若の月の冴え遍る　金剛法界親様の御元に至るそれまでは　守り導き給うなり　南無観世音大菩薩　金剛恵明大菩薩　功徳無量尊」

（南無金剛恵明観世音大菩薩念誦経）とある。

西方には阿弥陀如来

「西方には阿弥陀如来　妙観察知の白毫の御光は衆生の苦患を癒し心魂を安らかに在らしめ給う大慈の恩徳謝して余りあり」（帰依礼拝文）とある。全ての事物が無量に変化していることを観察して、事物に応じて救い導く智が妙観察智であり、阿弥陀如来である。

白毫とは阿弥陀如来の額の中央に生えている白く長い毛で右巻きに丸まっており、眉間白毫とも言う。「妙法華経経・序品」によれば白毫が光を放ち東方一万八千世界を照らすとされる。

五行説で白は秋の色とされるが白は阿弥陀如来を表す。だから神道でも仏教でも白衣を着るのは阿弥陀仏の弟子の相である。

阿弥陀はサンスクリット語の音訳で無量寿の意。西方にある極楽世界を主宰するという仏。法蔵菩薩として修行していた過去久遠の昔、衆生救済のため四十八願を発し成就して阿弥陀仏となったと言われる。その第十八願とは念仏を修する衆生は極楽浄土に往生できると説く。

阿弥陀仏、阿弥陀如来と称し略して弥陀、無量寿（仏）、無量光（仏）とも称する。

「阿」は本体諸法《もの》の根元、阿字本不生であり「弥」は法理「陀」は阿字門を悟って他を導くこと「仏」は阿字門を悟って救ってくださる方。

北方には釈迦如来

「北方には大恩教主釈迦如来　平等性智の神性を磨き現す　洗霊修行成就せば能く他を導きて神ながらの実相界に入らしめ給う光導門の大導師なり」（帰依礼拝文）とあり、万物は平等一如であると知って、一切衆生を別けへだて無く救うことの智が、平等性智であり釈迦如来である。

釈迦の教えは人生の苦を脱し迷いの生である三界の輪廻を断ち切って、究極の悟りに至る解脱であり、それを縁起という考え方で理解しようとしたものである。

釈迦に対する信仰は、我が国でも仏教が伝わって以来今日に至るまで多くの宗派で信仰され、神道においても般若心経などの教典が読まれている。

五行説で黒は冬の色とされるが黒は釈迦如来を表す。なお中央を表す色は実は金であるが黄とされることが多い。中央は仏教では金剛界大日如来であり、唯一神道では宇気母智大神である。

釈迦は古代インドのシャーキャ族の部族の名であり、その部族の出身者であることから、釈迦、釈尊と呼ばれるようになった。また釈迦牟尼仏とも呼ばれるのは、ゴータマは姓、シッダールタは名、バラモンの苦行者であったときはシャーキャムニと呼ばれ、成道後にはゴータマ・ブッタ、シャーキャムニ・ブッタと呼ばれていたことによる。三十五歳で正覚を得て八十歳で入滅するまでの四十五年間、インド各地を遍歴しながら自らが体得した真理の布教に努めた。

地蔵菩薩とは

サンスクリット語ではクシティ・ガルバと言う。クシティは大地、ガルバは胎内の意味で意訳して地蔵としている。大地が全ての生命を育む力を包蔵するように、苦悩の人々をその無限の大慈悲の心で包み込み救うところから名付けられたとされる。

地蔵菩薩は大地のように堅固な菩提心をもって、地下にあって苦しみの窮まった地獄での責め苦をも救うとされ救済の菩薩であり、六道（地獄・餓鬼・畜生・阿修羅・人間・天人）を輪廻して苦しむ衆生を救済し延命をもたらすとされ、これを六地蔵として祀ったのが六道の教えである。

この六道を解脱した者の行く世界が弥陀の浄土であり、解脱しない者は阿弥陀の世界へは行けない。だが六道の世界のどこにいても、念ずれば必ず現れ救ってくださるのが地蔵菩薩である。

右手に錫杖を左手には宝珠を持って救っておられる。宝珠には不可能を可能にする力があると言われる。

唯一神道において導き救ってくださるのが、覚綾地蔵大菩薩である。

霊神とは

「常に神典経巻を読みて念を清めたる個霊《みたま》は　其の念に相応《ふさわ》しき境地に進み　神の摂理を探求して常に個霊の向上に励み生命の実相を開顕《かいけん》せんと研鑽して怠らず　遂に自由にして自在なる如来本心を証得せり　即ち正しき霊神なり」（神典第十部）とある。開顕とはひらきあらわすこと、開権顕実の略。法華経の趣旨で三乗の教えが方便（権）であると打ち明けて、一乗の真実の教え（実）を表すこと。研鑽とは深く究めること。三乗とは声聞・縁覚・菩薩の三界のこと。

覚忍霊神曰く「汝の信仰は汝を救う。自らのためのみに祈ることは自力の行、他の人を導いて共々に祈ることは神の行であり、神の国に永遠に住む者は永遠に神の修行をせねばならない」と。

家族や子孫を守護できる力のある者でなければ霊神にはなれない。また自分の家族や子孫だけを守護すれば良いという考えならば霊神の資格は無い。霊神になるためには修行を積み重ねることによって守護する力を得るのである。駒ヶ岳金剛界の霊神は三十八の段階が存在する。

仏教の戒名はその寺の住職より頂けるが、霊神号は神より頂くのでありこの世の者が勝手に名付けることは許されない。

水子の霊とは

水子の霊とは胎児の霊である。流産や中絶によって胎児の肉体は消滅してしまっても母親の霊とのつながりが消滅することは無い。このために母親のその子供たちは、その水子の霊からみれば兄弟姉妹となるはずだった者たちに対し、深い悲しみや妬みを抱いたまま、いつもそばに寄り添っていくことになる。やむを得ない事情で仕方がなかった中絶でも、生まれて欲しかった生命の流産であっても、水子の霊からすればこの世に生まれてきたかったとの念が継続しているのである。家族の亡くなった人の霊は供養するのに水子の霊のことはすっかり忘れ去って、もしくは供養の仕方がわからずに供養をしないでそのまま放置されているのが現状である。

自分自身に水子の霊の心当たりが無くても、各家庭の先祖には必ず水子の霊がいると言われる。だからその水子の霊を供養するのである。

水子の霊を供養するには、まず水子地蔵菩薩の左肩に、次に右肩に、そして頭に、次に水子地蔵菩薩に抱かれている水子に柄杓に汲んだ水をかけ、そして水子地蔵菩薩に水子の霊の救済をお願いして教典を読み供養するのである。

駒ヶ岳霊神場には覚綾地蔵大菩薩の分身として、水子地蔵菩薩が祀られている。

心の埃とは

心の埃とはさまざまな罪があるが八つの罪として、憎み・恨み・嫉み・惜しみ・愚痴・腹立ち慢心・貪りなどの悪しき心を言う。

私たちが心で思うことが念であり、その「念の集積したるを業と名付け　業の消え行く波動の具象化せる病み不幸なり　自らが作れる罪は自らが果たすなり」（神典第七部）とあるように、過去世に造った業は全て今世に持って生まれたのであり、今世において果たせなかった全ての業はこの世を去るとき、また幽界へ持って行き、全ての業を果たし終えるまでは高天原へ還ることはなく、三界の輪廻を繰り返し繰り返して永遠に生き続けるのである。

罪とは「つつみ」で、神の御光をつつみ外に出さない、如何に明るい光でも包んでしまえば外に出ない。神の子という明るい個霊を暗い心でつつんでしまえば、真の姿である健康で幸福な実相は出ること無く、歪んだり曲がった現象が現れてくるのであり、その現象が病み不幸である。

人の善行を見て自らも行わぬは罪なり、善行を故意に怠るのは罪である。また他の生物を殺害したり、泥棒放火人に迷惑をかける行為は罪であるが、不養生嘘をつくこと不身持ちも罪である。

天地一切休むこと無し、遊んで食っていることは罪である。如何に金が有り富ができたからとて、怠けて遊んで食うことは天地の道に反するのである。一日働かざれば一日食せずとは禅の教えである。

どんなに美しい鏡でも埃が積もっていると真に正しい影は射さない。私たちが神の子であっても人を害する、憎む、羨む、人を裁くなど、自らが生きるために他を陥れたりする埃を心の上に溜めたとき、神の子の心鏡は正しく映さずそこに歪んだり曲がったりして映し出される。

ならばこの歪みの現れはどうすれば良いのか。自分が蒔いた種は自分で刈り取らねばならない。病気や不幸になって心の償いを果たしても、心の埃が取れていなければ再び同じ状態を繰り返すことになる。それは地上に芽生えた草木の枝葉を刈り取るだけで、根を残すならば春が来れば再び芽生えて来るごとくに苦しみ悩み続けねばならない。

信仰の無い人が病み不幸になって業を果たしても、心の埃が取れていなければ再び同じ状態を繰り返すのである。般若心経に説かれているように、病とか老死することは実の相ではなく、心の上に積もった埃が現象界という鏡に映っているにすぎない。

罪を滅する方法

罪を滅する方法は三つある。一に懺悔、二に感謝、三に奉仕である。信仰の光で、神の力の鍬にて心のうえの埃を掘り起こして根を枯らすのが最も優れた方法である。

「日々の生活《いとなみ》を等閑《なおざり》にせず真剣に生きて行くなり　主なる神に帰依し感謝の誠を現し南無十字命法理気と唱え念ぜよ　言波の力に依り神々の加護に依りて業因は滅すべし」（神典第七部）とあるように、心の鏡の上の埃である業が消滅したならば、もはや神の子の真の相が現れてきて健康で安らかで幸福なのである。

そして素直に自我の執念を離れ、宇宙の御中主なる宇気母智大神に帰依し生命への愛と恵みに感謝することである。

一に懺悔なり

「洗霊行の第一は懺悔なり　傲慢なる自我の迷いを打ち砕き　大我の道に入らしむは懺悔の徳なり　日夜反省《かえり》みて悔い改めよ」（神典第六部）とある。私たちが神の子であることを忘れ、生命の真実を知らないために犯した諸々の業を、神に悪かったと懺悔しなければならない。懺悔の功徳は朝日が霜を消滅するように、神の光明が私たちの心に照り渡り埃が吹き払われるのである。

神は私たちを元の清浄なる個霊、元の高天原に還すためにイエス・キリストを使わして神の愛と信仰の大切さを説き、釈迦を使わして神の智と真と善と美を教え、あるいは弘法や日蓮など幾多の神をこの地上に現して私たちに救いの道を教えてくださったのである。これを観ても私たちは神にどんなに愛されているかを知ることができる。

我が生きるは我が力で生きるに非ず、全てに満ちませる御親の生命によって生きているのであり生かされているのである。

釈迦は成仏の始め菩提樹下に神の御光が地上に満ちて悉くが神の姿、神であることを知り「奇しきかな、天地悉く仏相たり」と賛嘆された。私たちも久遠に流れる大生命なる神の子であり、天地一切ことごとく神の御心と知らねばならない。知ることは信仰の第一義である。それは生命の実相を知ることにより、私たちが神の御光によって生きているることを知らねばならない。知るがゆえに過去の行為の懺悔となるのであり、神から遠ざかり忘れたために造った行為の埃を心から悔い改めねばならない。

「神よ、御親の神を忘れたために犯した私の罪を悔い改めます」と。

二に感謝である

私たちが生きていること、万物ことごとく神の御心によって在ることを知らねばならない。私たちを生長させてくださる神の愛を知るとき、始めて合掌して有難いという心にさせて頂けるのである。一粒の米全ての食物全ての飲み物にも神の御心が映されていると知ることである。救いは感謝の念によってのみ存在するのであり感謝とは有難い心の誠である。自分の力で生きていると思うから諸々の業は造られる。自我の心、己がの念がある限り迷いから解かれる道は無い。天地を創り万物を造り一切衆生を支配されている宇気母智大神によってのみ私たちは生かされていると感謝するのである。

三に奉仕である

「惜しみ無く汝の持てる力を以て世の為人の為に奉仕せよ　奉仕は神の道なり　神汝と共に生き汝と共に働き給うなり」（神典第六部）さすれば「神の祝福に依りて霊は浄まり身体健やかに幸い尽きる事なく如何な心願も成就せずと言う事なし」（神典第六部）とある。奉仕とは神の御光を布教することである。

大日坊大明神曰く「教会は汝らの心の安らぐ所である、地上に汗水を流して蓄えた財宝も子孫も汝のものでは無い、ただ一つ教会が汝らのものである」と。

自分の立場に執らわれて、これは我がものと言う自分も、それは我がものと言う現象一切の物質も、我が物と思うから自分の住む家や庭のためには汗水を流すけれど、真の自分の留まるべき教会のためにはなかなか骨をおらないのだ。

天の御中主なる神を認めて信ずる

花それぞれの色とりどりの美しさがあるように、人はその本心にそれぞれの美しき情愛と本心がある。心が真の神を、真の仏を知ることによって生命の花を美しく咲かせるのである。

宇宙の中心に霊妙なる天の御中主なる神を認めて崇拝することによって、信仰者の誰もが生命の安定を願うのである。

天の御中主なる神が宇気母智大神であり、私たち一切衆生の生命の御親である。その御親の神が「真如の法身絶対無二唯一の大心霊なるが故に　諸天善神八百万の神悉く帰依せられ祈り給える大神なり」（帰依礼拝文）とある。

私たちも八百万の神と共に感謝し帰依するのである。八百万の神とは私たち一切衆生の中の優れた方々であり、私たちも八百万の神と共に天の御中主なる神の子である。

素直に自我の執念を離れ宇気母智大神を認めて、我は神の子なりと信じ愛と恵みに感謝し帰依するのである。天の御中主なる神を認めて信ずる、この簡単な道理がわからないから諸々の神を頂き、諸々の神を造りそれに自分の希望を適応して信ずる。ここにさまざまな宗教が起現する理由がある。

この世は念の現す世界である

「念は具象《かたち》化する本性あり　無形のままに埋もれていつか形化す潜在力を業と言うなり」（神典第七部）とある。身体が弱い胃腸が弱いと思っていると、そうなることを念じたことになるから念じたその通りの相が現れて来るのである。だから絶対に病み不幸を念じてはならない。また他人の不幸をけっして念じてはならない。

「他を苦しめ悩ませば自らも苦しみ悩まされる時の至るなり　是念の法則なり　くれぐれも他の不幸になる事は避けるべし」（神典第九部）とある。またその念が未来の苦楽の結果を導くはたらき、善悪の行為は因果の道理によって、後に必ずその結果を生むのであり、その結果を業の果報と言う。

「過去に蒔きし業の種子の宿命して今世に芽生える時もあり　今世に蒔きし念の業が今世に於いて芽生える時もあり　未来に宿命して未来に果たすこともある　然して自らが蒔きし業因は自らが刈り取るなり　善業在らば善果在り　造悪の業在らば苦悩の報い在り　法則厳然として私情なし」（神典第五部）とある。

「苦しみ悩むが故に業滅せりとて業因滅せざる限り病み不幸尽きる事なし　雑草を刈り取れど根を残すならば再び芽生え来たる如し」（神典第七部）とあるように、病気・不幸・災難によって悩み苦しむことによって業は晴れるけれども業因は残っている。その業因が残っている限り再び芽生えてくる。雑草を刈り取っても根を残すならば再び芽生えてくるのと同じである。

「肉体は念に依りて状相を変ずるなり　病み不幸を信じ念じ恐れ怖るる時病み不幸は実在となり汝を苦しめ　我は不幸なりと信じ念ずる時は必ず不幸となる」（神典第七部）のである。

この世は念の現す世界であるから「念は心の上に浮かぶ影なるが故に念想清めざる限り業因滅する事なし　業因を滅すべき道は只一つ在るのみ　即ち唯一神道より他に無し」（神典第七部）とある。

病み不幸になるのは業がはれるのであるから喜んで神にすがれと言うのではなく、病み不幸は本来無い。ただ神の子の実相が在るのみと般若心経の説を信じて念ずることである。

病み苦しみつつ進化する現象界は、有るが如く見えても本来無い、苦しみ悩むことは無い、大調和の神の国であると。神の子は健やかに幸いであると念ずる、神の子に病み不幸はないと信じ念ずることが金剛界の信念である。

「我は神の子と信じ健やかに幸いなりと念ずる時は病み不幸は消え散ずるなり」（神典第十三部）とあるごとく、唯一神道は金剛界の修行であるから、般若心経にあるように病み苦しみの現象界は無いと信じることである。

感謝行

生命の進化向上の根本は感謝行である。感謝はまず第一に生命の根元である宇気母智の親様に為すのである。お経を読むのも供物を捧げるのも感謝行である。私たちが帰命頂礼と唱えることは、その本質である宇気母智の親様に帰依することである。

南無は宇気の霊動である絶対なる唯一の神のおはたらきが、プラス(南)と、マイナス(無)の相対なる霊動によって成る。息をするのも吐く息吸う息の相対なる霊動によって成るのであり、宇気母智の親様の霊波《ことば》によって成るがゆえに南無と唱え感謝し賛嘆するのである。

「天地妙法神の恵みに感謝し帰依し奉るは　天の理　地の法　人の道なり　洗霊行の根元なり」(神典第六部)とある。感謝をすることが救われることであり、天地一切に感謝することが真の信心である。私たちが日々個霊の向上のため、この世に生を得て修行をさせて頂けるのは肉体の父母のおかげである。報恩の念があるは人の道である。鳥にすら父母を尊ぶ念があるのに万物の霊長である人に報恩の念無きは天地の道に背くことである。

父母や先祖に感謝することが身内の健康につながり、天地一切に感謝することが明るく幸せになれる道である。人は恵みには慣れてしまい、恩には鈍感になる。

慣れることはたやすいが思い改めることは難しい。

行とは何か

行とはおこないである。神の道に勤しむ者は行を忘れてはならない。水をかぶったり滝に打たれたりするのは行ずる前の身そぎと言う。火物絶ち木食したりなどは真の行とは言わない。木食とは米穀を断ち木の実を食べて修行すること、その行者を木食上人と呼ぶ。

行は信者の大切な心掛けであり一大事である。全ての財宝は何一つとて我が物は無い。一切諸法《すべてのもの》はただ因縁によって現れているにすぎない。だから貪欲心を起こしてはならない。修行は永遠である、生命の続く限り未来永劫の果てるまで。行とは神を信じて感謝しかつ悔い改め祈祷するだけではない。週に一日、または月に一日、神に奉仕の日として働き供養し、あるいは教会のために、あるいは御山のために奉納するを行と言う。

神の御前において自分を考える。こんなに信じてもとか、あるいはこんなに修行してもとか、またこんなに勉強してもとか、自分我のうぬぼれをもって慢心してはならない。慢心は行の行き止まりである、信仰は進行で常に進歩しなくてはならない。

慢心は慣れる念によって生ずるのである、日々反省し悔い改めねばならない。

八葉の蓮華とは

蓮華は泥沼の中で生育するが泥に染まらず美しい花を咲かせ見る者を楽しませてくれる。

泥沼とは私たちが今生きているこの凡夫、すなわち煩悩の世界のこと。泥沼の中で生きていても溺れることなく泥に染まらず真剣に生きて行かねばならない。

泥沼の中で病み悩み苦しんでいる私たち一切衆生が、神や仏に救済を求め真剣に祈るとき、神や仏が高天原弥陀の浄土から救うことは叶わない。地獄で苦しむ者を救うためには自らが地獄へ行かねば救えない。だから泥沼に生きる私たちの側に降りて来て、泥沼の八葉の蓮華の上に座して救いを求め祈る者を救ってくださるのである。八葉の蓮華とは、憎み・恨み・嫉み・惜しみ・愚痴・腹立ち・慢心・貪りなどの悪しき八つの罪のこと。それらに染まらず清らかな八葉の蓮華のこと。「蓮華の泥中に咲きても泥に染まらず咲く如く　汝が如来心は迷濁の世に住みても一塵も留めず　更に高き次元を目指して証入せんとす」（神典第十五部）とある。

「如何に汚泥の中に有りても蓮華の花は美しく咲く如くに　如何に末世五濁《まつせごじょく》の世に在りても観自在なる白衣者は何者にも穢れざる清浄光如来なり」（神典第五部）とあるように、私たち自らが八葉の蓮華に座す神仏の如くに泥に染まらず清く真剣に生きていかねばならない。

末世五濁の世とは、末世は道義のすたれた時代、この世が悪くなるときの五つの濁り、穢れのこと。劫濁・見濁・煩悩濁・衆生濁・命濁のこと。

自力の灯火とは

「例えば世の中の一室に於いて自我の戸を閉め廻らし暗きが故に自力の灯火を置く　自力の灯火には限界あり　やがて消ゆるなり」（神典第九部）とある。

病気不幸災難に遭って苦しむのは過去に自分が造った業が晴れる相であり、その病を癒やすために医療や医薬による治療を受けている。だが、どんなに医学や科学が発達してもこれまでに無かった新たな病が発生して病が尽きることは無い。

自力の灯火とは、医療や医薬による治療のことであり、それによって病を癒してもそれは方便であり業因が消滅したのでは無いから病は再び芽生えて来るのである。その業因を滅するために、「念は心の上に浮かぶ影なるが故に念想清めざる限り業因滅する事なし　業因を滅すべき道は只一つ在るのみ　即ち唯一神道より他に無し」（神典第七部）とある。

「過去に神を忘れ離れた迷いの所業を懺悔して　命法理気の恵みに感謝して帰依し　南無と自我の戸を押し開くれば命法救いの光射し来り」そして「病み不幸は本来の無に帰し跡形も無し」（神典第九部）とある。私たちの肉体は念によって状態が変わるもので、病は実在するものと信じ念ずるときは必ず病は現れて苦しみ悩むことになるのである。

第三章　信仰のことわけ

御供え物

神社や儀式によってお供えする物に違いがあるので、神官先達に儀式を依頼するときはその都度確認する必要があるが、唯一神道では左記のようにお供えをする。

護摩供養のときなど五穀を供える場合は、米のほか、麦・大豆・小豆・胡麻を供える。

三方の上には白い皿を置き神饌はその上に盛り付けする。白い皿を利用しないときは半分に折った半紙を皿の代りにする。

神饌とは神社や神棚にお供えする飲食物（供物）のことで御饌とも言う。

神饌の種類は多種多様であるがその代表は稲である。神への供物やお賽銭を初穂と呼ぶのは何よりもまず稲の初穂を捧げたことの名残である。調理した物が熟饌、鳥類や魚介類を除いたものを素饌、生のままのものを生饌と呼んで区別している。

米　主食の代表である稲の初穂が現在では主に白米を供える。

塩　清め塩、精製された塩ではなく海のパワーがそのまま含まれる天然の粗塩が良いとされる。

水　毎朝一番最初に汲む水（初水）を供える。

酒　御神酒は稲作文化を中心に発達した我が国にとってお米は特に重要であり、神の恵みでありその一粒一粒に神が宿るとされてきた。その大切な米、清らかな水、そして発酵から生まれる日本酒は神に捧げるにふさわしい供物とされてきた。

里の物　大根、人参、きゅうり、ほうれん草など、旬の野菜。

海の物　魚、するめ、昆布など。

山の物　椎茸など。

果物　旬のくだもの。

榊　木と神の合字にて神の木、もしくは神に供する木のこと。しかし榊が直接神に関係するのではなく、神の聖域と人間世界との境域を示すための木、つまり境の木が転じてさかきの語源であると言われる。
榊の無い寒い地域では他の常緑樹が使用れる。神の枯れることの無い恩恵を表すために一年中緑を保つ常緑樹が使用される。

灯明　神の聖域と人間世界との境界を示すものとして一般的には注連縄が使われているが、伊勢神宮に注連縄は無く榊に紙垂を付けて使われている。
サンスクリット語ディーパの訳で闇を照らす智慧の光とされ、神仏に供える大切な供養のひとつとされる。

線香　唯一神道では神典経巻を読むとき、信心・信仰・供養の三つを念じながら三本の線香を立てる。

花　八葉の蓮華の花を尊ぶことと、花は厳しい自然の中で耐え抜き美しく咲き続けるその花の姿が厳しい修行に耐え、悟りを開く相に仏教の教えを重ね合わせて尊ぶ。

お賽銭

賽は罪や穢れを祓い清めるという意味であるが、神の恩に報いる祭儀の意。祈願成就のお礼として神仏にささげる金銭のこと。一般的には神社仏閣に参詣してさげる金銭をお賽銭と言う。古くは神仏に祈願する場合、主として五穀を紙に包み奉納した。貨幣経済の進展に伴い、室町時代になってから米や雑穀より金銭が増え、賽銭箱ができた。お賽銭は神への捧げ物としての性格だけでなく、自分の罪穢れを付着させたお賽銭を入れ穢れを祓って頂くという本来の意味があり、護摩供養のときの護摩木のように入れるお賽銭で身体を軽く撫でてから賽銭箱に入れる。投げ入れるのではなくそっと入れるよう心がける。

穢れと祓いの循環をつないできたのがお賽銭の役割であったが、この考え方もしだいに祈願成就の代償という観念に変わってきた。お賽銭はもともと海や山の幸を神前にお供えしたことに由来しているとされ、秋には米の収穫に感謝し米の初穂をお供えしたのが始まりである。現在では米のかわりに金銭を包むときに「初穂料」と書いて奉納する。

須佐乃男命が、罪穢れをあがなうために出す品物を置く「千座《ちくら》の置座《おきくら》」という台が現在の賽銭箱や三方となったと考えられる。

白衣修行者に必要な三つの法具

白衣とは

白はあなた任せの色、阿弥陀、南無の色。神官・住職・巫女・修行者が白衣を着る。私たちが白衣を着て神仏に祈る心、全てを神仏にお任せして祈る姿、白衣を着て神仏に祈る人全てが阿弥陀さまの弟子の姿である。そして人生の終わりの荼毘に付すときも白衣を着せるのは私たちの生命は永遠であり、修行は永遠であるからこの世で修行するときに着ていた白衣を着せるのが最良であり、この世で信仰に縁が無かった人でも白衣を着せるのが良い。この世で大好きだった着物や洋服を着せてこの世の未練を引きずって幽界で生きるのではなく、速やかにこの世の未練を断ち切って前に進まなければいけない。この世を去って霊界に行き、霊界にて導かれることもあるが、そのとき白衣が無いと修行に支障があると言われている。

かんまんとは

かんまんとは細長い白のさらし天竺（木綿の布）で作った頭の鉢のまわりを巻く布製の鉢巻きのこと。

不動明王の種字である「かん」という梵字で、不動堅固の行によって煩悩の深い者を菩提へ導いて頂けるという梵字と、文殊菩薩の種字である「まん」という梵字を組合わせた「かんまん」という字を鉢巻きの外側の額の中心にあたる部分に書き、その内側には金剛界大日如来の種字である「ばん」という字を書く。

「かん」は不動心、不動心とは我は神の子であるという不動の心。「まん」は柔軟心を表しているとされる。「かんまん」の右下に「たら」（矜羯羅童子）と、左下に「た」（制吒迦童子）の種字を書く。この「たら　た　かんまん」を不動三尊と言う。

数珠・念珠とは

神仏に礼拝するときに手にかけ、あるいはもみ、または念仏念誦の回数を数えるために、珠を一つまさぐるところから言う。

材質は、もくげんし、菩提樹、蓮などの実や、白檀、紫檀、梅の木などが使用されている。小さい珠の数は百八個で百八煩悩を除くためと言われ子珠と言う、中間にある別の大珠を母珠と言い、母珠より房を垂れる。

念珠・数珠・寿珠などと言われる。そのため数珠をじゅずではなくずずが仏教では一般的な呼びかたとされる。また念珠と言うように使用者の念がこもったものであるから、人に貸したり借りたりしない方が良い言われる。

起源は諸説あるが発祥の地はインドで、釈迦が始めて使用されたとされ、日本で一般に普及したのは鎌倉時代とされる。

三方とは

三方とは神道の神事において使われる神饌を載せるための台。通常は檜などの素木による木製で、折敷と呼ばれる盆の下に直方体状の台が付いた形をしている。台の三方向に穴があいているから三方と呼ばれる。神前に供える際は穴の無い側が神前に向くようにする。神饌が載った三方を持つときは親指を左右の縁にその他の指を折敷と台に当て、息がかからぬように目の高さに持つ。

台の三方向の穴は丸ではなく宝の壺の形を表している。宝の壺とは一切衆生がこの世で生きていくために与えられた御親の神の恵みである日（火）と、水と、大地を現す。日の恵みとは太陽であり、燃ゆる火であり、体温である。水の恵みとは宇宙の水気であり、飲む水であり、肉体の水分である、地の恵みとは宇宙の星や月であり、この地球であり、肉体の骨である。御親の神の恵みであるこの三宝に、空気の恵みを加えて四恩と言う。

さらに「風」を加えて「地水火風空」を表現したものが楼閣形式の仏塔、五重塔である。

玉串とは

玉串とは榊に紙垂を付けたもの。神に捧げるための供え物で幣帛、みてぐらとも言う。神に玉串を捧げる儀式を玉串奉奠と呼ぶ。これにより浄き真心を神前に捧げ、神とのつながりを確認するための物である。

玉串奉奠の手順

①　齋主から玉串を受け取る。このとき右が榊の枝、左が葉の状態で受け取る。
②　右手で枝の根元を上から覆い、左手は下から葉や紙垂を軽く支えるように受け取り自分の息がかからないようにする。
③　神前に進み、八足案という献納台に奉安する。
　横に持った玉串を縦に持ち替え、立てた玉串を額の高さまで掲げ祈念する。
④　右手と左手を持ち替えるようにして玉串を回す。
⑤　神前に根元を向けて前に進み案の上に置く。このとき右手で軽く持ち、左手で支える。
⑥　案から一歩退き一揖二拝二拍手一拝をして、右の足よりさがり、体を反転さて座所に戻る。
　一揖とは両足を揃え姿勢を整えて軽く一礼をすること。

葬儀の後におこなうこと

神社では葬儀を一切おこなわないが、神道では左記の通りおこなわれている。

仏式の葬儀、告別式にあたる儀式を葬場祭と言い、通夜にあたる儀式を通夜祭と言う。

通夜祭では、遺体から御霊を霊璽に移すための遷霊祭をおこなう。

葬場祭は神道では、喪主、家族、親族、会葬者の順で玉串奉奠をおこなう。

毎十日祭　死亡の日から数えて毎十日ごとに五回。

　十日、二十日、三十日、四十日、五十日目に霊前においておこなう。

　五十日祭は最後の十日祭にあたり、これを以て忌明けとなる大切な祭儀である。

清祓の儀　五十日祭の翌日に営む祭儀で、忌明けの祓いと清めをおこない、式の後、神棚の封を解き、その後の参拝は平常通りとなる。

百日祭　百日目の祭儀で、五十日祭のときと同様に手厚くおこなう。

式年祭　百日祭のあとは、一年祭、三年祭、五年祭、十年祭、二十年祭、三十年祭、五十年祭を営む。

　一年祭まではしのび手で、それ以後は柏手で参拝する。

御座とは

御座とは神様のお告げを神様に代わって信者に伝える人のことを言う。

御座には「中座」と「前座」がある。中座になるためにはいくつかの厳しい修行を行わねばならない。自己の職業を忠実におこないながら、御座につく前に水をかぶって身そぎをすること、肉類は食べないなどさまざまな制約がある。

中座の修行は千日千座と言って三年以上の修行をして漸くにして中座らしくなる。前座の修行をするためには、中座の修行をした後にさらに千日間の修行ををするのであり、修行はさらに限りなく継続していくこととなる。、
駒ヶ岳教会天野覚元会長が、三・四歳の頃子守り役の祖母に手を引かれてお参りに行ったとき、御座を見て自分もやらせて欲しいと先達に懇願して先達の修行が始まったと聴く。

そして十歳の頃からは、名古屋市北区の自宅から熱田神宮参詣を、毎年寒の三十日間、早朝五時から白衣一枚のみを着て裸足でひとりで走ったと聴く。道中その姿を見た一人の老女が合掌して近づいて来たので、数珠で加持をしてあげたところ歓喜された、その翌日から一人増え二人増え、日ごとに人数が増えてきて寒さと痛さに耐えながら早く参詣を終えて帰りたいのに、全てに人に公平に加持をするのはとても辛いが断ることも出来なかったそうだ。

盂蘭盆会とは

一般的にお盆と言われているが正しくはサンスクリット語「ウランバナ」の音訳で、倒懸の意にて盂蘭盆会と言う。盂蘭盆会とは逆さつりという意味である。

お釈迦様の弟子に目連という人がおられたが、母親が餓鬼界に堕ちて飢えと渇きに苦しみ、逆さつりになっていることを知り、母親を救いたいとの思いからお釈迦様に相談したところ「自分の母だけを救おうとするのでなく、同じ苦しみの地獄の世界に堕ちた人々を救うように」と諭されて、夏の修行が終わった七月十五日に多くの僧侶を招き、多くの供物をささげて供養をしたところ母親は極楽往生が遂げられたとのことである。

これがお盆供養の始まりであると言われる。お盆は七月または八月の十三日から十五日、または十六日の期間にて、家に帰ってきた先祖の霊魂を迎え追善の供養をするのであるが、仏教行事としては彼岸会と並んで大切にされている。

六世紀中頃、中国で「盂蘭盆教」がつくられ竺法護という人の訳となっているが、インドには原典が存在せず、盆にあたる行事は無く中国で生まれた行事のようである。

竺法護（二三一年～三〇八年）は中国、西普時代の僧。

三蔵とは

「西遊記」は三蔵法師が、孫悟空、猪八戒、沙悟浄たちを供に幾多の苦難を乗り越えて、教典を求めての旅をする話であるが、主人公の三蔵法師がこの玄奘三蔵である。

三蔵とは三種の籠の意。仏教用語で仏教の聖典を三種類に分類し、それらをまとめた呼称。経蔵、律蔵、論蔵の三蔵に長けている僧侶は「三蔵法師」と呼ばれ、名前に三蔵を付して尊称し、真諦三蔵、玄奘三蔵、法顕三蔵などが呼ばれる。

特にインドから中国へ大量の教典を持参した人や、教典を大量に翻訳した訳経僧に「三蔵法師」と付けられた。なお三蔵法師とは一般名詞であり尊称であって固有名詞ではない。

経蔵とは、釈迦の教えの本体。

律蔵とは、規則、道徳、生活様相などをまとめたもの。

論蔵とは、右記の注釈、解釈などを集めたものを言う。

梵字とは

梵語（サンスクリット語）を表記するために用いる文字で、悉曇文字は四世紀のグプタ王朝時代のグプタ型文字の発展形であり、六〜九世紀ごろにかけて北インドを中心に流行発達した書体で、正しくは悉曇字母型のことであり、梵字が仏教文化の波に乗って日本に伝来したのは七世紀ごろと推定され、実に千数百年の歳月を経て現代へと承継されている。

日本に伝来した梵字はこの悉曇字母型が基本となっており、現在悉曇文字が活用されているのは宗教的範囲での使用である。

阿字観、字輪観、種子曼荼羅など礼拝対象の梵字、仏教で卒塔婆に用いる梵字などがある。

さらに日常の勤行で唱える真言、陀羅尼も梵字悉曇活用の一端である。

その悉曇文字も書体となると各時代や地域に差異があり、その時代その地域の特色を形成している。

梵字は日本では聖なる文字として粗末な事や不浄なことの無いよう大切に取り扱われてきた。

十界互具とは

十界互具とは十界のそれぞれの界が互いに十界を備えているということ。たとえば人間界に生きる私たちにも十界の生命がある。常に苦しみが絶えず絶望感にかられている人の基調は地獄界と言える。自利利他の実践を心がけ仏の境涯を目指して常に努力を続けている人の生命の基調は菩薩界と言える。この十界が互具することによって六道を輪廻する衆生にも菩薩や仏になれる可能性が具わっている。

地獄界

苦しみの絶えない苦しみだけの世界、地は低下を意味し獄は拘束されて不自由なこと、苦しみのあまり瞋りすら感じる苦悶の状態。

地獄界の因縁として五逆罪（五種の最も重い罪）を犯した者が落ちる世界と言われ、これを犯すと八大地獄のなかで最も苦しい無間地獄に落ちるとされる。ほかに、大焦熱地獄・大叫喚地獄・叫喚地獄・衆合地獄・黒縄地獄・等活地獄がある。また十悪と言って身・口・意の三業で作る十種の罪な生活を送る者が落ちる世界で落ちる因縁は、殺生・倫盗・邪淫の「身三」。妄語・両舌・悪口・綺語の「口四」。貪欲・瞋恚・愚痴の「意三」を言う。

餓鬼界

食物や飲物に不自由な世界、不足感から来る貪欲に囚われている状態。地獄界はさまざまな苦しみの重なった世界であるのに対して、餓鬼界はいつも不足を感じ、求めても得られない飢えの苦しみの世界。また周りの人達が気遣い、いろいろ世話をしてくれても感謝の念が無く、もっとして欲しいと求めて止まない心の状態が餓鬼界。この餓鬼界は貪欲の念が強いために自分自身を満足させることが無く、欲しいという思いだけが極端に強くなる。貪る心が強いためいつも不足や不満や苛立ちといった感情が強く健全な考え方ができなくなる。

畜生界

畜生とは人間以外の動物のことであるが、ただ本能のままに欲望のままに生きている世界。理性や道理ではなく目先のことに囚われ、本能の赴くままに行動する状態。いつも愚痴の心が支配し眼前のことばかりに囚われ、思慮分別が足りない世界。

阿修羅界

阿修羅の語源は、サンスクリット語のアスラ。阿修羅界とは争いが絶えない世界で修羅界とも言う。ひねくれ曲がって勝他の念に駆られている状態。この世界に落ちる因縁は他より勝れていると思い、嫉妬・自慢・自大〈自ら尊大になること〉また自惚れの強い人が陥いる世界。

人間界（人界）

神仏を信じ、感謝の心をもって生きる価値ある楽な世界。穏やかで平静な生命状態にあり人間らしさを保っている境涯。人間界の特質は物事の善悪を判断する理性の力が明確にはたらく境涯で、人間らしく穏やかな心で迷いがあっても冷静に対処し極端にならないですむ境涯を人間界と言う。

天人界（天上界）

地上の人間界を超えた天上の世界。

過去に作った善業によりいとも楽な世界、思うとおりになって喜びを感じている状態。いろんな願いや欲望が満たされ喜びに浸っている生命状態のこと。

「天上界にあっては後衰をうけ」との教えがあり、その喜びの時間はとても短く、たちまちにして憂い悲しみ苦しみ悩みが起こる世界に戻されてしまう。

地獄界から天人界までの六界を輪廻することを六道の輪廻と言う。

声聞界

声聞とは声を聞くという意味。

師長の教えにより修行していく世界、真理の教えを聞いて悟りへ近づく努力をする人の境涯を声聞界と言う。声聞・縁覚を併せて二乗とも言う。二乗が得た悟りは完全なものでは無く、仏教の中でも小乗教の修行で得られる境涯である。

緑覚界

独りで覚って楽な世界。

独覚とも言い、声聞が先人の教えを求めるのに対し、自ら悟りを得る状態。

「己が独りのみ迷執を破り寂静の境地に住したりとて他を導くの度量なくば正しき証覚とは言わざるなり」（神典第六部）とあるごとく、人のためという使命感を持つには至らない境涯である。

菩薩界

菩薩界は自らも修行し他も導く世界。

他人を慈しみ他人のために労力を惜しまないという生命状態。

慈悲の心で衆生を苦しみから救済しながら自らも修行を続けている存在であり、菩薩とは菩提薩埵の略で、菩提は悟り、薩埵は求める者の意。

声聞、縁覚の二乗は自分中心の心に囚われているのに対し、菩薩界の修行は人のためという使命感を持ち行動する境涯である。

能力・素質に応じて悟りに導く教えを乗り物に例えたもので、声聞界・縁覚界・菩薩界を併せて三乗と言う。

仏界

神の子である一切衆生のなかで最上の世界、霊神場の世界。
崩れることの無い自由自在の生命活動（常）
生きて行くこと自体を絶対の幸福（楽）
何者にも粉動されない円満かつ強靭な主体性（我）
何物にも汚染されない清浄な生命（浄）の四つに象徴される最高の境涯。

五智とは

五智が金剛界五仏によって象徴され、五智如来として金剛界曼荼羅の核を形成している。曼荼羅（マンダラ）とはサンスクリット語の音写である。本質・精髄を意味する「マンダ」〜を具有するという意味の「ラ」という語の合成語とされる。大日如来に備わる五種の智、大日の智の総体たる法界体性智・大円鏡智・平等性智・妙観察智・成所作智。

浄土教では、仏智・不思議智・不可称智・大乗広智・無等無倫最上勝智を阿弥陀仏の五智とする。

法界体性智

宇宙に存在する万物の自性を明確に知ること。

全てのものに神の生命のおはたらきを観ること。

大円鏡智

大きな円鏡の中に一切諸法の相を写すように、一切の真理と事物を照見する正しい智。

「南無覚綾地蔵大菩薩と祈り奉れば　忽ちに大円鏡智の神風颯々と吹き来たり　煩悩無明の密雲を払い衆生本来具足す」（南無覚綾地蔵大菩薩祈経）

平等性智

万物は平等一如であると知って一切衆生を別け隔て無く救うことの智。

「北方には大恩教主釈迦如来　平等性智の神性を磨き現す　洗霊修行成就せば　能く他を導きて神ながらの実相界に入らしめ給う光導門の大導師なり」（帰依礼拝文）

妙観察智

全ての事物が無量に変化していることを観察して事物に応じて救い導く智。

「西方には阿弥陀如来　妙観察智の白毫の御光は衆生の苦患を癒し心魂を安らかに在らしめ給う」（帰依礼拝文）

成所作智

所作を成する智、衆生を浄化して利する智。

五感（眼耳鼻舌身）を正しく統御し、それらによって得られる情報をもとに、現実生活を悟りに向かうべく成就させていく智。

法螺三唱

「三昧法螺声　一乗妙法説　経耳滅煩悩　当入阿字門」

三昧法螺声
　雑念を離れて一心に、
一乗妙法説
　真実の救いの教えを、
経耳滅煩悩
　耳にすれば煩悩を滅して、
当入阿字門
　まさに阿字本不生の境地に入らん。

「三昧法螺声」
　雑念を離れて一心に、
三昧=雑念を離れた応我の境地、法螺声=法螺の音があまねく平等に法界に充ち、法螺貝を吹くことによりその音は獅子の吠える音にたとえ、その音を聴くとき一切の魔物は消滅し煩悩も去ることができると言われている。

「それ法螺とは三界の天衆を驚かし、六道の妄夢を醒まして中道不生の覚位に帰せしめんが為のものなり。是則ち金剛（ばん）字の螺を立て自性心蓮の尊を呈わすなり。法螺は尊の御心を以て向かう悪魔を吹き払う　三昧法螺声　一乗妙法説　経耳滅煩悩　当入阿字門」（法螺作法）

「一乗妙法説」

真実の救いの教えを、

一乗＝絶対無二の真実の教え、妙法説＝妙は久遠元初生き通しの神、法は命波の表現《あらわ》れ、

「経耳滅煩悩」

耳にすれば煩悩を滅して、

経耳＝耳にすれば、滅煩悩＝煩悩を滅す、

「当入阿字門」

まさに阿字本不生の境地に入らん。

当入＝まさに入る、阿字門＝阿字は宇宙根元で本来不生不滅、すなわち永遠の生命。

懺悔文

「我昔所造諸悪業　皆由無始貪瞋痴　従身語意之所生　一切我今皆懺悔」

我昔所造諸悪業
私がはるか昔より造りし所の諸々の悪しき業を、
皆由無始貪瞋痴
全て始めなき始めから、貪ぼりと瞋りと愚痴を因として、
従身語意之所生
身体と言波と心により生じた、
一切我今皆懺悔
それら全てを私は今皆懺悔します

「我昔所造諸悪業」
私がはるか昔より造りし所の諸々の悪しき業を、
我=自分自身が、昔所造=昔より造った所の、諸悪業=諸々の悪しき業。
昔より造った所の諸々の悪しき業とは、この世に生まれて今日までと言う意味では無く

過去世からの全ての諸々の悪しき業を言う。
「皆由無始貪瞋痴」
全て始めなき始めから、貪ぼりと瞋りと愚痴を因として、
皆＝全て、無始＝始めなき始め、由＝より、貪＝貪り、瞋＝腹立ち、痴＝愚痴、
「従身語意之所生」
身体と言波と心により生じた、
従＝より、身＝身体、語＝言葉、意＝心、之所生＝より生ずるところ、
「一切我今皆懺悔」
それら全てを私は今皆懺悔します
一切＝全てを、我今皆＝私は今皆、懺悔＝過去に犯した罪を神仏に告白し、許しを乞うこと。

第四章　金剛界の立場で読む「般若心経」

唯一神道は金剛界の修行であるから「般若心経」を読むとき、私たち自らが観自在菩薩の立場で、すなわち観自在なる白衣修行者の立場で読むのである。

白衣者とは白衣を着て修行する人であり、神道であれ仏教であれ白衣を着て修行する人全てが阿弥陀仏の弟子となった相である。

「阿弥陀仏」の、

「阿」は宇宙全ての根元であり、阿字本不生、

「弥」は法理、

「陀」は阿字門を悟って導くこと、

「仏」は阿字門を悟って導き救ってくださる方のことであり、阿弥陀は固有名詞では無い。

「般若心経」の教えは空の相を説かれたのに対し、唯一神道で説かれた「大光明実相神典」は、
私たちは始めから摩訶般若、すなわち大いなる神の子であり、
神に生かされている実の相、すなわち実相を説かれた教えである。
私たちが朝夕般若心経を読み修行しているように、神も仏も毎日私たちを導き救いながら、般若心経を読み修行してしておられるのである、そしてこの日常が未来永劫続くのである。
真に有難いことである。

「般若心経」現代語訳

摩訶般若波羅蜜多心経
大いなる神のおはたらきによって救われていくと心から信じて読む教え、
観自在菩薩
諸法《もの》の奥底を自在に観る白衣修行者は、
行深般若波羅蜜多時
大いなる神の子であると確信し、感謝帰依し真理を見極めんと行ずるとき、
照見五蘊皆空
肉体や、感じること、思うこと、行うこと、認識することの五つが寄り集まってでき上がった心身の全ては空であり実在しない、真実の相を観るならばこの世の全ては実在せず有るが如く見ゆるのみ、
度一切苦厄
病み苦しみつつ進化する現象界は有るが如く見えても本来無い。だから苦しみ悩むことは無い。神よりの命なりと真我の実相を観想し、帰依することによって一切苦厄の相は消滅する、
舎利子
観自在なる白衣修行者よ、

色不異空　空不異色
肉体は無い、識念も無い、永遠不滅の神の子のみが実在する。
色即是空　空即是色
肉体も形ある全ての物も、因縁によって現れたものであり実在しない、実在しないものが因縁によって一時的な形あるものとして存在する、永遠不滅の神の子の命のみが実在する、
受想行識　亦復如是
感受することも、思いめぐらすことも、分別することも、認識することも、またこれも同じく空であり実在しない、真の我は肉体では無い、神よりの命であると知ることが救われる道である、
舎利子　是諸法空相
観自在なる白衣修行者よ、
肉体や、感じること、思うこと、行うこと、認識することの五つが寄り集まってでき上がった心身の全ては実体が無い、実在しないから空であり、因縁によって存在するから空の相である。

不生不滅　不垢不浄　不増不滅
永遠に生き通しの生命であり、生まれることもなく死ぬこともない、
不垢不浄なり、万徳円満具足せりと念想し、
不増不滅なりと真我の実相を観想せよ、
是故空中　無色無受想行識
観自在なる白衣修行者よ、
このゆえにこの世の全ては実体が無く実在しない、
肉体も形あるものも、感受することも、想念も、行念も、認識する心の働きも実在しない、
有るが如く見えても本来無い、苦しみ悩むことは無い、
無眼耳鼻舌身意
眼で見るもの、耳で聞くもの、鼻で嗅ぐもの、舌で味わうもの、触感も、意《こころ》で感じるものの
実体は無い、六根の識心によって分別する念《こころ》は真の我が心では無い、
無色声香味触法
認識する感覚器官に対する形ある物も、声も、香りも、味わいも、触感も心の作用も無い。
色境・声境・香境・味境・触境・法境という六境によって想起せる念に囚われて、神よりの
命であることを忘れてはならない。

無眼界乃至無意識界

目で見て認識するものは無い、耳で聞いて認識するものは無い、鼻で嗅いで認識するものは無い、舌で味わって認識するものは無い、身に触れて認識するものは無い、意で感じ認識するものも実在しない、

無無明亦無無明尽乃至　無老死亦無老死尽

病とか老死することは象徴として存在するのであり実在しない、心の上に積もった埃が現象界という鏡に映っているにすぎない。真の我は肉体では無い、神よりの命であると知ることが救われる道である。

無苦集滅道

神我らに肉体の衣を着せ給いて苦厄の相を現ぜしめ、我らの霊を清め給うものとして唯一神道の人々は苦しみを不幸とせざるなり、

無智亦無得　依無所得故

我は神の子であると悟ったならばもう迷うことは何も無い、

菩提薩埵　依般若波羅蜜多故

真実の幸せの境地を求める者よ、このように大いなる神の救いによって、

無罣礙故　無有恐怖

因縁によって生ずるところの仮の相に囚われず、真の我は神よりの生命であると証覚して惑わざるがゆえに罣礙無し、罣礙無きがゆえに怖れる事は無い、

遠離一切　顛倒夢想　究竟涅槃

因縁によって現れている肉体の我なる者に囚われ物に執着して、三界に生じ苦しみ悩む因となる全ての煩悩から遠く離れて、神よりの命である真の我を知り、神ながらの道を歩むことにより絶対的な最高無上の安らぎの境地、すなわち高天原に至る。

心無罣礙

もはや心に惑いは無い、

三世諸仏　依般若波羅蜜多故　得阿耨多羅三藐三菩提

過去現在未来の三世にわたり、如来聖者のお導きとご守護を受けて、大いなる神に生かされているという最高の正しい悟りを完全に成就できた。

故知般若波羅蜜多　是大神呪　是大明呪　是無上呪　是無等等呪

ゆえに大いなる神のおはたらきに感謝帰依する教え、これは大いなる神の真実の命波であり、一点の曇りも無い霊波であり、この上なき霊波であり、他に比類の無い言波である。

能除一切苦　真実不虚
　大いなる神に感謝し帰依することによって一切の苦しみは消滅するという教えは、真実であり偽りではない。
故説般若波羅蜜多呪　即説呪日
　そこで説く、大いなる神のおはたらきによって生かされているという真実の教え、すなわちそれを説く。
羯諦羯諦　波羅羯諦
　行こう行こう、高天原実相界へ行こう、
波羅僧羯諦　菩提薩婆訶
　皆で共に真実の幸せに至り、三界を解脱して高天原実相界へ行こう、
般若心経
　般若心経を終わる。

摩訶般若波羅蜜多心経

「ブラジュニャー　パーラミーター　フリダヤ　スートラン」

大いなる神のおはたらきによって救われていくと心から信じて読む教え、

摩訶=大いなる、般若=神、大いなる神とは宇宙本源の神である天御中主神、唯一神道では宇気母智大神と言う、波羅=救い、蜜多=往く、波羅蜜多は救われていく、心経=心から信じて読む教え、

般若心経の原文は「ナマッハ　サルブァ　ジュニャーヤ」であり「一切智に帰命」である。直訳すれば「一切の智慧に帰依する」となり「宇宙本源の大生命大光明なる宇気母智大神に至心に帰依します」となる。

「ナマッハ」は帰命「サルブァ　ジュニャーヤ」は一切智、一切は全ての諸法の意にて宇宙全体のこと、智は全知全能、帰は帰依、南無と同じく一切をまかせた信心、命は宇気母智大神、宇宙大生命の根元である「宇気母智大神に帰依するという教えのお経」である。

覚忍霊神が享年四十七歳でこの世を去るときに言い残された。

「私は般若心経が有難いことは知っているが無学で読めない。けれど頭の中から声がする。宇

宙には神は唯一でありそのおはたきが南無の相対である。大いなる神のおはたらきが般若波羅蜜多である、心経は心で読むものである」と。

原文を漢訳された玄奘三蔵法師（六〇二〜六六四）が、この経題を「摩訶般若波羅蜜多心経とされた。

この上なき菩提を求める心を起こし一切智に帰命すること。宇宙を織り成す大生命の根元、すなわち宇気母智大神を覚醒し一切法を感得す。一切法がそれ自体において根本的であり生命なるもの、阿字本不生、万物に内する霊妙の力、すなわち阿字門、呼吸に気息する生命の実体、この一切を貫くものである阿字を悟るに至る。

自ら「アートマン」（如来）を励まし、涅槃を成就させる。すなわち「アミダーニス」すなわち「アートマン」（如来心）を自己に頼れ法に頼れ「アミダー」を拠り所とせよ、自己を見つめ思推をよく統一し自性を証せよ。と言うことであり、

「能礼所礼性空寂」「自身他身体無二」「願共衆生大解脱」「発無上意帰三宝」（礼拝偈）である。

能礼所礼性空寂

能礼＝　礼拝する自分と、所礼＝　礼拝される神仏、性空寂＝　その間に僅かでも溝や隙間があってはいけないとの教え。

「入我我入」（舎利礼文）と同意語である、すなわち「我神に入れば神我に入る、神と我は

無二一心」となること。神仏と自分が一体となり、心の誠が念ずるところの神仏に通ずることに礼拝の意義があり、これを感応道交と言う。

自身他身体無二

自他の隔てなく神仏と自分が一体となり、感応道交して初めて自他共に救われる。

願共衆生大解脱

願わくば衆生と共に輪廻転生するこの三界から解脱を得よう。

発無上意帰三宝

この上なき菩提を求める心を起こし一切智に帰命する、すなわち宇宙本源の神である宇気母智大神に帰依する。

三宝とは、仏・法・僧を言う。仏は菩提を求める心を起こした者、法は神仏の教え、僧は神仏の教えを一緒に聞く人。（声聞界）

観自在菩薩

「アーリヤーヴァロキテー　シュバラ　ボードヒサットヴォー」

諸法《もの》の奥底を自在に観る白衣修行者は、

観自在=諸法の奥底を自在に観ること、菩薩=菩提薩埵の略で悟りを求める者、原文を漢訳された玄奘三蔵法師が「観察することが自在な」という意味から「観自在菩薩」と漢訳された。一方「妙法蓮華経」を漢訳された鳩摩羅什（三四四～四一三）は、同じ原語を「観世音」と訳し「妙法蓮華経普門品第二十五」では「観世音菩薩」となっている。このことから「観自在菩薩」と「観世音菩薩」とが混同されることがあるが、空の教えを説く「般若心経」では、私たち「白衣修行者は」の意であるから「観自在菩薩」となる。

「観世音菩薩」はこの世の人々が救いを求める音声を観察して救済して頂けるから観世音菩薩と言う。上求菩提・下化衆生とは菩薩が菩提を求め衆生を教化することで自利利他の菩薩行を要約したことばである。唯一神道は金剛界の立場であるから私たち自らが観自在菩薩の立場で般若心経を読むのである。

唯一神道駒ヶ嶽教会、天野覚元会長が寒三十日の間毎朝神社を参詣し、あるとき片山神社に参詣されたとき「古事記は語源を以て読め」とときに神示を受けられた。そして語源を以て読むときに無限の神意が解けるようになった。般若心経の考え方もその通りであると。般若心経を語源を以て読むならば、始めに観自在菩薩とあるのは「一切諸法の中に無辺光如来なる天照皇大神の円相を観照し給えるは観自在菩薩なり」（神典第十二部）とあり、観自在とは全ての事物を自由自在に見ることができるという意味にて、肉体の目で見るのは見学見物の「見」に対して「観」とは心で諸法の奥底を自在に観ることのできる白衣者が観自在菩薩の立場で般若心経を読むのである。

「賢者は内なる如来心の声を聴き悦びて肉体を用いて洗霊の行を為す　即ち観自在なる白衣者よ　真実一路の道は尽きる事なし」（神典第四部）とある。

フランスの哲学者ベルクソンが、物に対するみかたに就いて二つの方法を示している。一つは外から見ることで、一つは内から観ることである。外部から見るのは立脚地を置いて見るのである。すなわち物と他の関係上から見るのである。今一つの方法はそのような外に立脚地を持たず、したがって着眼点も無く対象物も無い、もの事態となって観るのであると。

この二つの方法であるが、外から見るのは如何に精細を極めても、その真相を伺うことは不可能である。内よりみる、すなわち内部から観る方法によってのみ物の真相に達するのであると説かれている。内部から観る読み方の信である。まず自らの生命の根元を絶対唯一の神よりの生命であると信じ、我は神の子なりと信じ念ずるのである。

行深般若波羅蜜多時

「ガンブヒーラーヤーン　プラジュニャー　パーラミターヤーン　チャルヤーン
チャラマーノー」

大いなる神の子であると確信し感謝帰依し真理を見極めようと行ずるとき、

行=修行、行うこと、深=徹底して究めることであるから繰り返し止むことなく継続して行ずること、般若波羅蜜多=大いなる神のおはたらき、時=〜したとき。

般若波羅蜜とは六波羅蜜の一つ。六波羅蜜とは六つの修行にて壇波羅蜜・忍辱波羅蜜・戒律波羅蜜・精進波羅蜜・禅那波羅蜜・般若波羅蜜のこと。

金剛結び、胎蔵結びの袈裟に付いている六つの輪法はこれを表している。山伏の懸ける結袈裟には梵天が六つ付いており同じ意味である。袈裟の語源はサンスクリット語のカシャーヤで、起源はインドの仏教僧侶が身にまとった衣裳。

壇波羅蜜（ダーナ　パーラミーター）とは、さまざまな施しをさせて頂く修行、布施波羅蜜とも言う、遍く他を度す。壇はサンスクリット語のダーナに由来し布施のこと。

壇那とか旦那はそのあて字、旦那とは妻に対する夫の意ではなく布施をしてくれる人のこと。だから夫が妻に養ってもらう場合は妻が旦那になる。寺に財施をする家を檀家と言う。

布施には財施・法施・無畏施がある。人のために惜しみ無く何か善いことをすること。

善行には有形と無形のものがある。有形のものを財施、お金や品物などの施しを言う。

無形のものは、

① 知識や教えなどの法施、

② 明るく優しく接する眼施・和顔施、

③ 温かい、優しい言葉をかける言辞施、

④ 人の悩みや、恐怖心を取り除き、穏やかな心を与える無畏施、

⑤ 何かをお手伝いする身施、

⑥ 善い行いをする心施、

⑦ 場所を提供する座施・舎施、

施しは施す者、施しを受ける者、施す物、全てが清らかでなければならない。欲張らない心での行いを施しと言う。あえて善行として行うとか返礼を期待してはならない。また施しを受ける側もそれ以上を望んだり繰り返されることを期待してはならない。

「天地の中に何一つとして我が物は無し　只因縁に依りて暫し我が物と現じ有るのみ　施す物も無く施さるる物も無し　然して我が物として施し供養し洗霊行をさせて頂ける事を

感謝せよ　感謝の念が真の布施行を成就するなり」（神典第六部）

「施しの種子惜しみなば幸福を刈り入る所少なし　妙法供養汝の霊を生長せしむ惜しみ無く汝の持てる力を以て世の為人の為に奉仕せよ　奉仕は神の道なり　神汝と共に働き給うなり」（神典第六部）

忍辱波羅蜜（クシャーンティ　パーラミーター）とは耐え忍ぶ修行、せん堤波羅蜜とも言う。忍辱とは瞋恚の心を対治して、迫害困苦や侮辱などを忍受すること。辛いこと悲しいことがあっても落ち込まないで頑張ること。

物事の本質をしっかりとおさえて困難に耐えること。瞋恚とは、三毒・十悪の一つ。自分の心に逆らうものを怒り恨むこと。

「極めて苦しき辛き時にても神我を見捨て給わず　如何なる時にても神我と共に生わすと知らば有難き事ばかりにて不幸せなる事更に無し」（神典第六部）

戒律波羅蜜（シーラ　パーラミーター）とは、戒律を堅固に守る修行、

戒律は自分の修行の妨げになるような行為を排除するため、そして他人の行を妨げないためにも守るべきこととして釈迦が定められたもの。正しい生活をして自分自身の完成に努めなければ人を救うことはできない。

自分はまだ未熟な人間だからとても人を助け導くことはできないという考えを持ってはならない。自分だけに囚われてはかえって自分の完成はできない。人のために尽くすことも

持戒の大切な要点である。人のために尽くすことによって自分も向上し、向上することによって人のために尽くせるようになり無限に循環していくのである。
戒律とは、戒は自分を制する誓いであり、律は集団が円滑に活動するための規律である。
左記の「五戒律」に、次の戒律が加わったものを「十戒律」と言う。

五戒律

不殺生戒　殺生をしない、命を大切にする、
不偸盗戒　与えられていないものを自分のものとしない、
不邪淫戒　道ならぬ性的関係を持たない、
不妄語戒　うそを言わない、
不飲酒戒　酒を飲まない、飲むことを悪いと考えたのではなく、酔って悪いことをすることが多いので規制された。

十戒律

不説四衆過罪　他人の過ちや罪を言いふらしてはいけない、
不自賛毀他戒　自分を誉め他人を降してはいけない、
不慳貪戒　物惜しみしてはいけない、
不瞋恚戒　怒ってはいけない、
不謗三宝戒　仏の教えや伝道の僧を降してはいけない、

精進波羅蜜（ヴィーリヤ　パーラミーター）とは、止むことなき修行、

　毘梨耶波羅蜜とも言う。懈怠の心を対治して身心を精励し、他の五波羅蜜を修行すること。

　「精」はまじりけの無いこと。最善を尽くして努力すること。良い結果が得られてもそれにおごらず、さらに向上心を持って継続すること。

　懈怠とは悪を断ち善を修めることに全力を注いでいないこと、なまけ怠るの意。

禅那波羅蜜（ディヤーナ　パーラミーター）とは、心を静めて真我を見つめる修行、

　禅定波羅蜜とも言う。心の動揺散乱を対治してどんな場面でも心を集中し安定させ、真理を思惟すること。禅とは静かな心、不動の心を言う。

般若波羅蜜（プラジュニャー　パーラミーター）とは、親様に感謝帰依する修行、

　親様とは「我ら一切衆生に霊を分かち給い生きる全ての物を与え給う宇宙本源の大生命大光明体に坐して」「我ら一切衆生片時も天地命法宇気母智大神の恵み無くては生きる事不能《あた》わず」（帰依礼拝文）と確信し感謝帰依する修行。

　真理を見極め真実の認識力を得ることが般若波羅蜜多である。人はこの世に生まれながらにして神の子であると確信し、知識ではなく智慧の心を持って考えること。

　智慧とは相対世界に向かう働きの智と、悟りを導く精神作用の慧。

　物事をありのままに把握し真理を見極める認識力。

照見五蘊皆空

「ヴャヴァローカヤチ　スマ　パンチャ　スカンドハーハ　ターンシュチャ　スヴァブハーヴァシューニャーン」

肉体や、感じること、思うこと、行うこと、認識することの五つが寄り集まってでき上がった心身の全ては空であり実在しない、真実の相を観るならば、この世の全ては実在せず有るが如く見ゆるのみ、

照見=真実の相を観ること、五蘊=五は、色・受・想・行・識という煩悩の元となる五つであり、蘊とは寄り集まったという意味である、五蘊とは煩悩の元となる五つが寄り集まってでき上がった心身のこと、皆空=全てが空である、空とはそのもの固有の実体は無い、本質的なものでは無い。実体が無いとは実在しないことであり、実在しないから空である。

色受想行識の色とは肉体や全ての物質的存在、受は感受作用、想は表象作用、行は意志作用、識は認識作用。

自分自身であると思っている肉体は己が個霊《みたま》の衣であり自分そのものでは無い、肉体は因縁によって表れた相であって実在しない。識念も無い、識のほかに事物的存在は無い。

自分自身とは永遠に不滅の神の子のみが実在する。水が流れる如く刻々と移り変わっていく相は空であり、因果によって存在するから空である。

神の国である高天原は実相界であるが、今私たちが生きている世界は宇宙現象界である。現象界であるから実在せず空の相である。

「此の世の全ては実在せず有るが如く見ゆるのみ　五蘊皆空なりと悟るが故に肉体を現じながら肉体に捉われず」（神典第一部）に生き「肉体本来因縁に依りて現じ有るのみ実在に非ず」（神典第十四部）

「一切諸法五蘊皆空なり　実在せずと知らば囚わる事なく恐れる事なし　白衣者は能く実相を念じ神性を開顕せん為に唯一神道に行事為す　如来聖者の行じ給う道は命法一如の神への道なり」（神典第十二部）

「一切諸法五蘊皆空なりと悟り給いて一切の苦厄を度し給えり　六根も六識も六境も無常なり自性無し実在せず」（神典第十二部）

人は六根の感覚や識念に囚われて真の生命を見出さず、夢を見ているうちに夢を真実と思うようになる。表面に現れている現象のみに囚われず、六根六識を超越して日々の仕事をこれ修行なりと悟り、真剣に生きて行くことが大切である。

真の幸せは感謝の念によってのみ存在する。

度一切苦厄

「パシュヤテイ　スマ　イハ」

病み苦しみつつ進化する現象界は有るが如く見えても本来無い。だから苦しみ悩むことは無い。神よりの命なりと真我の実相を観想し帰依することによって一切苦厄の相は消滅する、

度=済度すること、救うこと、苦界にある衆生を済い出して涅槃に度らせること、法を説いて人々を迷いから解放し悟りを開かせること。一切=全ての、苦=苦しみや思い通りにならないこと、厄=わざわい、災難。

一切の苦厄から解き放たれるためには煩悩から解放された心境になることで、そのためには過去に自らが造った全ての業を懺悔して、生命の御親の神、宇気母智大神の子であることを忘れた迷いの所業を懺悔し、感謝し帰依することによって業因を滅することができる。さすれば一切の苦厄は消滅する。

「現象の世界は迷いの念の集積たる業の穢れを祓い清めて美しく健康に幸いなる神の実相を現しめんが為　神我らに肉体の衣を着せ給いて苦厄の相を現ぜしめ　我らの霊を清め給うものとして唯一神道の人々は苦しみを不幸とせざるなり」（神典第二部）とある。

「一切苦厄の相は五官の上に浮かぶ迷いの念の具象化せる反暗《かげ》にすぎざるなり　実に我は不完全なる肉体に非ず　霊妙不可思議なる金剛身荘厳無比なる神よりの命なりと真我の実相を観想せよ」（神典第三部）

「因縁の現す仮の相なりと悟るが故に執着なし　執着無きが故に迷い無し　生死の巷に在りて生死に囚われず　煩悩の中に住みて煩悩に執われず　煩悩の中に在りて実相に生きるなり」（神典第十二部）

釈迦曰く、人は移り変わるものを永久に不変のものと錯覚し無理な執着を造り出す、人生は苦であると断定したことは決して悲観的厭世的なものの見方を教えた訳ではなく、苦そのものを直視して、心の表面でごまかすことなく、一時の喜びや楽しみはいつかは消え失せ、必ず苦しみがつきまとうことを断ぜられた真意はここにある。

酒や遊びなどで一時逃れをしないで、しっかりと現実を見据えて苦を正面から受け止めその原因を見つめる態度が大切であるということ。

このようなとき諸行無常の真理を悟り、今の苦しみは永遠のものでは無く、今の楽しさや喜びも永遠ではなく一時的なものであり、これらの現象に囚われない生活習慣をつけることこそが大切である。

舎利子

「シャーリ　プトラ」

観自在なる白衣修行者よ、

舎利子=サンスクリット語でシャーリプトラ（舎利弗）のこと。
この般若心経の中での舎利子とは、この心経を読む者、聞く者に対する呼びかけの意、
大光明実相神典のなかでは観自在なる白衣者よ、
シャーリは母の名でプトラは子の名、インドのバラモン出身で王舎城に近いウパティッサ村に
生まれ、バラモン僧の師サンジャヤの弟子となり、聡明で学問に精通し人々の崇敬を集め二百
五十人の弟子を持つ師となった。
やがてお釈迦様こそ真の師と悟り友人の目連と相談し、ならば共にと決しそれぞれの弟子の有
志を連れて釈迦の弟子となった。

色不異空　空不異色

「ルーパン　シューンニャター　シューンニャターイヴァ　ルーパン」
「ルーパン　ナ　プリタク　シューニャター　シューニャターヤー　ナ　プリタッグ　ルーパン」

肉体は無い、識念も無い、永遠不滅の神の子のみが実在する。

色=形あるもの、変化するもの、欲望の対象となるもの、不異=否定のまた否定で同じの意、空=実在しない、形あるものは実在しない。

いろんな物質が集まってできた物体は全て形を持っている、そして色が付いている。だから形ある物を色と言う。そして色という形ある物体も時がくれば自然に寿命が尽きて、やがて物体は物質に帰る。形あるものは空であり、実在しないものが形あるものを構成して一時的に存在する、因縁によって表れた念の影にすぎない。

「肉体も斯く分別為す念も真の我に非ず　因縁により成れる念の影にして実在に非ず」（神典第四部）

色即是空　空即是色

「ヤ　ドルーパン　サー　シューニャター」
「ヤー　シューニャター　タド　ルーパン」

肉体も形ある全ての物も、因縁によって現れたものであり実在しない、実在しないものが一時的な形あるものとして存在する、永遠不滅の神の子の命のみが実在する、

色＝肉体、形あるもの、即是＝これすなわち、
空＝実在しない、肉体も形あるものも、これすなわち実在しない、実在しないものが、これすなわち形あるものとなっている、

「我が識身本来空相にして実在に非ず　夢幻の如く真我の上に浮かぶ幻映にすぎざるなり」（神典第二部）
「一切諸法因縁に依り現れ因縁に依り滅す　業想の念に依り諸々の相を現すも空相にして実在に非ず　肉体も幽身も心の痕跡にして自性無く　仮の相にて真の我が相に非ず　又肉体の素質の上に想起せる念も因縁にて現るる仮の我にして真の我に非ず」（神典第十部）

受想行識　亦復如是

「エーヴァ　メーヴァ　ヴェーダナー　サンジュニャー　サンスカーラ」
「ヴィジュナーニ」

感受することも、思いめぐらすことも、分別することも、認識することも、またこれも同じく空であり実在しない、真の我は肉体では無い、神よりの生命であると知ることが救われる道である、

受想行識=感受し、想念し、行念し、認識する、心の働き、亦復如是=またこれも同じ、人間の心身を構成している五つの要素である五蘊のうちの色に続いて、受・想・行・識の四つの要素も全く同じである、心の働きも同じく、

「六根も六識も六境も無常なり　自性無し実在せず　因縁の現す仮の相なりと悟るが故に執着無し」(神典第十二部)

「身行清くして念想浄まり　念想清まりて心相浄く改まり　神ながらなる健やかに幸いなる実相現るるなり」(神典第五部)

舎利子　是諸法空相

「イハ　シャーリ　プトラ」

「サルヴァ　ダルマーハ　シューニャター　ラクシャナー」

観自在なる白衣修行者よ、色受想行識の五つが寄り集まってでき上がった心身の実体は無い、実在しないから空であり、因縁によって存在するから空の相である。

舎利子=呼びかけの意、観自在なる白衣者よ、是=このように、の意にて五蘊皆空を指す、諸=一切の、法=真理、真実、空相=この世のあらゆる存在や現象は実体が無い、空の相である。

観自在なる白衣者よ、このように「此の世の全ては実在せず有るが如く見ゆるのみ」（神典第一部）

「五蘊皆空なりと悟るが故に肉体を現じながら肉体に捉われず」（神典第一部）に生きること。

「五感の感覚六根の識心斬く分別する念は真の我が心に非ず　肉体に属する全ての我なる者は真我の実相を包み隠す業想の念　其の具象化せる迷いの影にすぎざるなり」（神典第一部）

不生不滅　不垢不浄　不増不減

「アヌットバンナー　アニルッダー」
「アマラー　ナ　ビマラー」
「ノーナー　ナ　パリープールナーハ」

永遠に生き通しの生命であり、生まれることもなく死ぬこともない、
不垢不浄なり、万徳円満具足せりと念想し、
不増不減なりと真我の実相を観想せよ、

不生不滅=生ずることも無く滅することも無い、
不垢不浄=汚くも無い、綺麗とかいうもので無い、
不増不減=増えることも無く減ることも無い、
「不生不滅永久に変わらぬ生命の宇気母智大神の分霊なりと」（神典第十部）念想し、私たちの生命は、始め無きはじめより未来永劫生き通しの生命であり、生まれることもなく死ぬこともない。
「南無十字命法力の加持に依り過去業障の暗を破り不生不滅なる如来心　荘厳なる本覚心現る

るなり」（神典第十二部）

「外形は只自己の信念の影を見るのみ　迷いは人の肉体なりと分別なす念なり　されども人は神よりの命なり　生滅常なき不完全なる肉体に非ず　不完全なる肉体を以て代表すべきに非ず肉体は心の痕跡にて真の我に非ず」（神典第九部）

「極めて汚くも滞まりなければ穢きことはあらじ　内外《うちと》の玉垣清《きよくきよし》　浄と申す」（一切成就の祓）とある。

濁った水も浄化すればきれいな水となる。悪しき心を持った人も改心すればいつでも美しい心の人となれる。つまり懺悔し改心しなければ永遠に解脱することはできない。

私たちが生きているこの宇宙を修行道場と悟れば、この地上世界は個霊を清める浄土となり、迷えば欲界となり穢土と化す。

太陽の熱で海水が蒸発して雲となり、やがて雨となって地上に降り注ぎ、また海に流れ込むのは全て因縁によって万物が流転しているのであり、物質が増えることも無く減ることも無い。干ばつになっても水が減少したのではなく、豪雨や洪水になっても水が増加したのではない、宇宙に存在する水量は増えることも無く減ることも無い。

干ばつや豪雨による現象は因縁によって現れた空の相である。

是故空中　無色無受想行識

「タスマーチュ　チャーリ　プトラ　シューニヤターヤーン」
「ナ　ルーパン　ナ　ウェーダナー　ナ　サンジュニャー　ナ　サンス　カーラ　ナ　ヴィジュニャーナーニ」

観自在なる白衣修行者よ、
このゆえにこの世の全ては実体が無く実在しない、
肉体も形あるものも、感受することも、想念も、行念も、認識する心の働きも実在しない、
有るが如く見えても本来無い、苦しみ悩むことは無い、

是故=是のゆえに、このとは不生・不滅・不垢・不浄・不増・不減の六不を指す、
空中=空の世界、空の相、実在しない、
無色=肉体も形あるものも実在しない、無受想行識=感受することも、想念も、行念も、認識する心の働きも実在しない。
「タスマー　チュ　チャーリ　プトラ」は是故　舎利子であるから、原文では「この故に舎利子よ、空の中には」となるが「舎利子よ」が省略されている。

このゆえに「此の世の全ては実在せず有るが如く見ゆるのみ」（神典第一部）
「此の世の中は幻の機《はた》の織り成す幻の如く　一切諸法は現れては消え消えては現るる因果の現す空相なり　されど妙理は永久に変わらぬ　汝らの命は不生不滅なり　因果の法則厳然とし私なし」（神典第五部）
「唯一神道を歩み行く白衣者は　常に肉体は迷いの業の形化せる仮の相なりと悟り　肉体よりの声は業の迷いの声と知りて其の業の声に執らわれず」（神典第十五部）に。
真の我は肉体では無い、六根の感覚や識念に囚われて、表面に現れている現象に囚われて真の生命を見出さずに生きるのではなく、神よりの生命であると知ることが救われる道である。
肉体は無い、識念も無い、永遠に不滅の神の子のみが実在する。

無眼耳鼻舌身意

「ナ　チャクシュフ　シュロートラ　グフラーナ　ジフヴアー　カーヤ　マナーンシ」

眼で見るもの、耳で聞くもの、鼻で嗅ぐもの、舌で味わうもの、触感も、意で感じるものの実体は無い、六根の識心によって分別する念は真の我が心では無い、

無眼=眼で見るものは無い、耳=耳で聞くものは無い、鼻=鼻で嗅ぐものは無い、舌=舌で味わうものは無い、身=触感も無い、意=意で感じるものは無い、無いとは実在しないこと。認識する感覚器官とその働きを合わせて六根と言う。根は感覚器官のこと。

五感とそれに第六感ともいえる意識の根幹、すなわち眼根・耳根・鼻根・舌根・身根のこと、六根は人間の認識の根幹である。それが我欲などの執着にまみれていれば正しい道（八正道）を往くことは適わない。そのために執着を絶ち霊魂を清らかな状態にすることである。

六根の識心を浄化して、第七識の潜在識を浄化し、第八の阿頼耶識《あらやしき》、すなわち如来心を証明することである。そのために感受することも、想念も、行念も、認識する心の働きも無い。

そのためには不浄なものを見ない、聞かない、嗅がない、味わわない、触れない、感じないために、

「目に諸々の不浄を見て心に諸々の不浄を見ず　耳に諸々の不浄を聞いて心に諸々の不浄を聞かず　鼻に諸々の不浄を嗅いで心に諸々の不浄を嗅かず　口に諸々の不浄を言いて心に諸々の不浄を言わず　身に諸々の不浄に触れて心に諸々の不浄を触れず　意《こころ》に諸々の不浄を思いて心《なかごころ》に諸々の不浄を思わず」（六根清浄大祓）と心がけ、六つの感覚機能を清浄にすることである。

六つの感覚機能が働けば見たくないものも見えてくる。聞きたくないものも聞こえてくる。それをいつまでも心に留めておかずに心を切り替えて、厭なことは流してしまって六根を清浄に保つことである。些細なことにこだわらず毎日を明るく神に感謝の心で生きることが六根清浄につながるのである。

「五官の感覚六根の識心　斯く分別する念は真の我が心に非ず　肉体に属する全ての我なる者は真我の実相を包み隠す業想の念　其の具象《かたち》化せる迷いの影にすぎざるなり」（神典第一部）

「肉体を生じ幽身を現じ五感の感覚六根の識心　斯く分別する念《こころ》を以て我なりとし　神よりの生命なる真の我を知らず悟らず　顛倒夢想するが故に三界に生じ苦しみ悩めども此れより解脱する道を知らず　神無限に我らを慈しみ給うが故に如来聖者を使わし給い救いの道を明かし給えり　即ち唯一神道神ながらの道なり」（神典第三部）

無色声香味触法

「ナ　ルーパ　シャブダ　ガンダ　ラサ　スプラシュタヴィヤ　ダルマーハ」

認識する感覚器官に対する形ある物も、声も、香りも、味わいも、触感も、心の作用も無い、色境・声境・香境・味境・触境・法境という六境によって想起せる念に囚われて神よりの命であることを忘れてはならない、

無色=肉体も形ある物も無い、声香味触法=声も香りも味わいも触感も心の作用も無い、無いとは実在しないこと、。

認識判断を行う眼・耳・鼻・舌・身・意の、それぞれの対象となる六つの領域である色境・声境・香境・味境・触境・法境という六識の対象としての六つの境界を六境と言う。心身を汚すものという意味で六塵とも言う。

「神よりの命たるを忘却して六境に依りて想起せる念に囚われて　神よりの本心を包みし為に実相の光が歪み反映り不完全なる肉体又幽身を現す　白衣者よ　念を清め霊を向上せしむ為には汝らの肉体は最も尊き修行の器なり」（神典第五部）

無眼界乃至無意識界

「ナ　チャクシュル　ダートゥル　ヤーバァンナ　マノー　ヴィジュニャー　ナ　ダートゥフ」

目で見て認識するものは無い、耳で聞いて認識するものは無い、鼻で嗅いで認識するものは無い、舌で味わって認識するものは無い、身に触れて認識するものは無い、意《こころ》で感じ認識するものも実在しない、

無限界=目で見て認識するものは無い、無限界と無意識界の間にある乃至は省略の意味であり、耳識・鼻識・舌識・身識を示している、これを六識と言う。

無意識界=意で感じ認識するものも無い、無いとは実在しないこと、感受する元である六根が、感受される対象である六境をとらえ、六識が思いを巡らせるということに囚われてはならない。

自己の識（心）の作り出した仮のもので識のほかに事物的存在は無い。

無無明亦無無明尽乃至　無老死亦無老死尽

「ナ　ヴィドヤー　ナー　ヴィドヤー　ナ　ヴィドヤー　クシャヨー　ナー　ヴィドヤー　クシャヨー　ヤーバンナー」

「ジャラー　マラナン　ナ　ジャラー　マラナ　クシャヨー」

病とか老死することは象徴として存在するのであり実在しない、心の上に積もった埃が現象界という鏡に映っているにすぎない。真の我は肉体では無い、神よりの命であると知ることが救われる道である。

無無明＝迷いは無い、無明は真理に暗いこと、亦＝又、同様に、無無明尽＝無明が尽きることは無い、乃至＝中間の省略の意、無老死＝苦しみ悩むことは無い、亦＝又、同様に、無老死尽＝苦しみ悩むことが尽きることも無い。

愚かな思いも無く愚かな思いが尽きることも無いことから、苦しみも無く苦しみの尽きることも無い。

「老い衰え病み患い死に朽ちる不完全なる肉体の我なる者は真の我に非ず　又五感の感覚六根の識心斯く分別する念は真の我が心に非ず」（神典第一部）

無苦集滅道

「ナ　ドゥフクハ　サムダヤ　ニローダ　マールガー」

神我らに肉体の衣を着せ給いて苦厄の相を現ぜしめ　我らの霊を清め給うものとして唯一神道の人々は苦しみを不幸とせざるなり、

無＝無い、苦＝苦諦、集＝集諦、滅＝滅諦、道＝道諦のこと、これを四諦と言う。四諦とは人生に関する四つの真理。諦は真理の意、

「現象の世界は迷いの念の集積たる業の穢れを祓い清めて美しく健康に幸いなる神の実相を現しめんが為　神我らに肉体の衣を着せ給いて苦厄の相を現ぜしめ　我らの霊を清め給うものとして唯一神道の人々は苦しみを不幸とせざるなり」（神典第三部）

苦諦

人生にはさまざまな苦しみがあり、生・老・病・死・愛別離苦・怨憎会苦・求不得苦・五蘊盛苦を諦ること。

生　　　生きるということは苦である、
老　　　老いていくことは苦である、
病　　　病にかかることは苦である、
死　　　死ぬということは苦である、
愛別離苦　愛する者と別れるのは苦である、
怨憎会苦　怨み憎しむことは苦である、
求不得苦　求めても得られないのは苦である、
五蘊盛苦　色・受・想・行・識のこだわりの苦しみ、眼・耳・鼻・舌・身で感じるものや
　　　　心で感じる全てがこだわりをつくる苦しみ、

集諦

集は集起の略で原因のこと。人生の苦には必ず原因があり、その原因を探求しそれを懺悔すること。

妙法蓮華経・譬諭品第三に「諸苦所因は貪欲これ本なり」と説かれ、喉の渇いた者が激しく水を求めるように、諸々の欲望の満足を求めてやまない心の状態、無制限に貪り求めること。人の迷惑など考えず貪りを増大させる思いや行為が不幸を呼び起こすのだと言われている。

滅諦
欲望への執着を捨て去ろう断ち切ろうとすると、かえってその思いが苦しみを増大させてしまうことがあるので釈迦は「道諦」の真理を説かれた。

道諦
自分本意に囚われて自分自身を過大評価し、不平不満などの苦の種を造らない大きな立場物事を判断できる人間となることを示す道として、八正道こそが苦の滅を実現する道であるという真理。

八正道とは
苦しみから解放され、安らかな人生を歩むために実践が必要とされる八つの行動と言われ、涅槃に至る修行の基本となる八種の得。
涅槃とは全ての煩悩が消滅した安らぎの境地、人間が持っている本能から起きる心の迷いが無くなった状態。
涅槃はサンスクリット語の「ニルバーナ」にて吹き消すの意。八正道とも八支正道とも言うが、具舎論では八聖道支としている。倶舎論とは五世紀頃インドの世親の著作、玄奘訳「阿毘達磨倶舎論」のこと。この道が偏陀を離れているので正道と言い、聖者の道であるから聖道と言う。

正見　この世の全ては実在せず有るがごとく見ゆるのみ、神の子の生命のみが実在すると正しく見ること。

正思惟　余分な欲のために余分な苦労や悩みを抱え込まずに正しい意志を持つこと。

正語　ことばは言霊《ことだま》の波動であるから、人を傷つけたり不愉快にさせるようなことを言ってはいけない。

正念　この世は念の現す世界であるから「我は神の子なり、神の子なるがゆえに幸せである、健康である」と念ずる。けっして他の不幸を念じてはならない、必ず自分に返ってくるのだから。

正業　神の子として恥じない正しいおこないをすること、

正命　皇睦神呂義神呂美の命を以て、すなわち、はじめに天地一切と和解して睦まじく、真に正しく明るく美しく、神よりの命なる我をそのまま歪みなく真実に生きるよう戒律を守り正しい生活をすること。

正精進　正しい生活を継続する努力をすること。

正定　安定した迷いの無い境地、我は大いなる神の子であると確信すること。

無智亦無得　依無所得故

「ナ　ジュニャーナン　ナ　プラープティラ」
「アプラープティ　トヴェーナ」

我は神の子であると悟ったならば、もう迷うことは何も無い、

無智＝自然の法則や諸法の道理を悟ることは無い、知識の知ではなく諸法の道理を知ることがこれ以上無いというのが無智であり大智とも言える、亦＝又、同様に、
無得＝得ることは無い、無得とはこだわらない、執着しないこと、
依無＝何も無い、所得＝得ること、五蘊や六根を備えた肉体にこだわっていることが所得である、
故＝このように。
智とは日を知ると書く、日（火）は大いなる神の恵みである。日と水と土と空気という大いなる神の恵みによって生かされている神の子であると真の道理を悟ったならば、もう迷うことは何も無い。

菩提薩埵　依般若波羅蜜多故

「ボードヒ　サットヴァスヤ」迄
「プラジニャー　パーラミーターン　アーシュリトゥヤ」

真実の幸せの境地を求める者よ、このように大いなる神の救いによって、
菩提＝煩悩を断ち切って悟りの境地に達すること、薩埵＝悟りの境地に達した者、
依＝～による、般若波羅蜜多＝大いなる神の救い、故＝ゆえに、このように、
自利利他の両者を目指す大乗の修行者、
自利とは自らが悟ること。利他とは他の人を救うこと、
この自利利他の実践を為すのが菩薩の修行である、
真実の幸せとは三界を解脱して高天原に還ること、

心無罣礙

「ヴィハラトゥヤ　チッター　ヴアラナハ」

もはや心に惑いは無い、

心＝自己を見つめて内省すること、無＝無い、罣＝引っかかること、礙＝妨げること、
罣礙＝障りがあること。障りとは煩悩障のこと、悟りを妨げる迷い。
自己の内にある煩悩に気付き、内省して迷いの中から無心に生きる安らぎを得ること、
迷いがあるから目覚めがあり安らぎを得られる、これを煩悩即菩提と言う、
煩悩即菩提は、迷いがあるから悟りがあるということ、最初から迷いが無ければ悟りは無く、
その必要もない。
「煩悩に捉わる事なく煩悩に生き　菩提に捉わる事なく実相に生きるなり　此れ無礙自在なる
神ながらの道なり」（神典第五部）

無罣礙故　無有恐怖

「チッター　ヴァラナ」
「ナースティトヴァーダ　トラストー」

因縁によって生ずるところの仮の相に囚われず、真の我は神よりの命であると証覚して惑わざるが故に惑い無し、惑い無きが故に怖れる事は無い、

無罣礙故＝障り無きがゆえ、無有＝有ること無し、恐怖＝恐ろしく感じること、
「白衣者は因縁所生の仮の相に囚われず　真の我なる命を証覚して惑わざるが故罣礙無し罣礙無きが故に怖れる事なし」（神典第十部）
「一切諸法五蘊皆空なり　実在せずと知らば囚わる事なく恐れる事なし　白衣者は能く実相を念じ神性を開顕せん為に唯一神道に行事為す　如来聖者の行じ給う道は命法一如の神への道なり」（神典第十二部）

遠離一切　顛倒夢想　究竟涅槃

「ヴィパルヤー」
「サーティクラーントゥー」
「ニシュタ　ニルヴァーナハ」

因縁によって現れている肉体の我なる者に囚われ、物に執着して三界に生じ苦しみ悩む因となる全ての煩悩から遠く離れて、神よりの命である真の我を知り、神ながらの道を歩むことにより、絶対的な最高無上の安らぎの境地、すなわち高天原に至る、

遠離＝遠く離れること、一切＝全て、
顛倒夢想＝真理からはずれた見方、夢想は現実でない思いの煩悩、
究竟＝最上級を形容する言葉、究極に達したところ、
涅槃＝一切の煩悩が消滅した安らぎの境地、
摩訶般若、すなわち大いなる神である「宇気母智大神と申し奉るは　我ら一切衆生に霊を分かち給い生きる全ての物を与え給う　宇宙本源の大生命大光明体に坐して」（帰依礼拝文）とあるごとく、私たち一切衆生に霊《たましい》という生命を分かち給い、生きるに必要な全ての物を与え、大

いなる神によって生かされているのである。それを忘れて自分の力で生きていると錯覚して生きていることこそが顛倒夢想である。

その「顛倒夢想を遠離して神ながらの道を歩ましむ」（神典第十部）ために「顛倒夢想するが故に苦しみ悩めども此れより解脱する道を知らず　神無限に我らを慈しみ給うが故に如来聖者を使わし給い救いの道を明かし給えり　即ち唯一神道神ながらの道なり」（神典三部）とある。

「一切の苦厄は顛倒夢想の迷いの念に依りて生ずるなり」（神典第一部）

「速やかに顛倒夢想を破摧して　自性を信じ念じ神の与え給える肉体身を以て洗霊修行を成就せよ」（神典第四部）

自性を信じ念ずるとは、我は神の子なり、神の子なるがゆえに幸せである健康であると念ずることである。

「一切苦厄の根因は顛倒夢想の迷いより生ずるなり」（神典第十二部）

究竟涅槃は死を意味する涅槃ではなく、生きて悟りを得た菩薩の境地を言う。

三世諸仏　依般若波羅蜜多故　得阿耨多羅三藐三菩提

「トゥリヤドヴァ　ヴャヴアストヒターハ　サルヴァ　ブッダーハ」
「プラジュニャー　パーラミーター」
「アーシュリトゥヤー　ヌッタラーン　サムヤク　サンボデーヒン　アビサン　ブッダーハ」

過去現在未来の三世にわたり、如来聖者のお導きとご守護を受けて、大いなる神に生かされているという最高の正しい悟りを完全に成就できた。

三世諸仏＝過去・現在・未来の三世にわたるたくさんの仏たち、
依＝～による、般若波羅蜜多＝大いなる神のおはたらき、故＝ゆえに、
得＝成就する、阿耨多羅三藐三菩提＝最高の正しい悟り、
三世諸仏とは、釈迦如来は人間の過去世に功徳を与えて下さる如来であり、薬師如来、観世音菩薩は現世利益を与えてくださる如来、阿弥陀如来は未来世を救済してくださる如来。

故知般若波羅蜜多　是大神呪　是大明呪　是無上呪　是無等等呪

「タスマージ　ジュニャータブヤン　ブラジニャー　パーラミーター」
「マハー　マントロー」
「マハー　ヴィドヤー」
「マントロー　ヌッタラ　マントロー」
「サマ　サマ　マントラハ」

ゆえに、大いなる神のおはたらきに感謝帰依する教え、これは大いなる神の真実の命波であり、一点の曇りも無い霊波であり、この上なき霊波であり　他に比類の無い言波である。

故＝ゆえに、知＝教え、般若波羅蜜多＝大いなる神のおはたらき、
是大神呪＝これは大いなる神の命波であり、
是大明呪＝一点の曇りも無い霊波であり、
是無上呪＝この上なき霊波であり、
是無等等呪＝他に比類の無い言波である。

能除一切苦　真実不虚

「サルヴァ　ドゥフクハ　プラシャマナハ」
「サトヤン　アミトファトヴアート」

大いなる神に感謝し帰依することによって一切の苦しみは消滅するという教えは、真実であり偽りではない。

能＝能く、除＝除くこと、一切苦＝全ての苦を、一切の苦とは四苦八苦を言う。
真実＝絶対の真理、不虚＝偽りではない。

故説般若波羅蜜多呪　即説呪日

「ブラジュニャー　パーラミーターヤーン　ウクトー　マントラハ」
「タドヤトハー」

そこで説く、大いなる神のおはたらきによって生かされているという真実の教え、すなわちそれを説く、

故説＝そこで説く、般若波羅蜜多呪＝大いなる神のおはたらきによって生かされているという真実の教え、大いなる神とは宇気母智大神、即説呪日＝すなわちそれを説く、
神の国は高天原実相界であり、私たちは宇宙現象界に生きる神の子である。
「六根も六識も六境も無常なり　自性無し実在せず　因縁の現す仮の相なりと悟るが故に執着無し　生死の巷に在りて生死に囚われず　煩悩の中に住みて煩悩に執われず煩悩の中に在りて実相に生きるなり　悟りて菩提に囚わる事なく我が如来心迷悟なし」（神典第十二部）

羯諦羯諦　波羅羯諦

「ガテェー　ガテェー」
「パーラガテェー」

行こう行こう、高天原実相界へ行こう、

羯諦羯諦（ガテェー　ガテェー）＝行こう行こう、
波羅羯諦（パーラガテェー）＝真実の世界（高天原実相界）へ行こう、煩悩をかかえ苦しみ悩む迷いの世界（幽界・迷界・現象界の三界）から煩悩を空じ、悟りと安らぎの世界、すなわち真実の世界、神の国である高天原実相界へ行こう。
この般若心経では「羯諦羯諦　波羅羯諦」は「五種不翻」の決まりによって漢字でそのまま音訳されているが、その原語の意味として、行こう行こうとなるが、実際は還ろう還ろうである。
この宇宙現象界が誕生する前、私たち一切衆生は神の国実相界に住しており、その後洗霊修行のためにこの宇宙現象界に移されたのであるから、この三界を解脱して神の国高天原実相界へ還ることが真実の目的である。

波羅僧羯諦　菩提薩婆訶

「パーラサンガテェー」
「ボードヒ　スヴアーハー」

皆で共に真実の幸せに至り、三界を解脱して高天原実相界へ行こう、

波羅僧羯諦（パーラサンガテェー）＝皆でともに行こう、
菩提薩婆訶（ボードヒ　スヴアーハー）菩提＝悟りの境地、薩婆訶＝成就する、
悟りを成就しよう、自分一人の幸せを願うのではなく、皆で共に悟りを得て。

般若心経

「イティ　ブラジュニャー　パーラミーター　フリダヤン　サマープタン」

般若心経を終わる。

イティ　ブラジュニャー=以上で、パーラミーター　フリダヤン=般若波羅蜜多心経、
サマープタン=完了する、
以上で般若波羅蜜多心経を完了する。

教典を漢訳する際に定められた「五種不翻」の五種とは、

秘密不翻　真言や陀羅尼のような神仏のことばとしての呪文は訳さない、
此方無不翻　インドにあって中国に無いものは訳さない、
多含不翻　一つのことばに多くの意味があり、限定して訳せない場合、
尊重不翻　有難いことばで訳すと本来の意味が損なわれる場合、
順古不翻　以前から訳されず原語のまま用いられていたことばは先例に従う、

第五章　神伝「大光明実相神典」

開経編

高天原に神詰まり坐す　皇睦神呂義神呂美の神言《みこと》を以て　掛巻も綾に畏き天照皇大神　天覚男命
に神依り給いて　吾国は言霊《ことだま》の幸《さき》わう国ぞ　一切諸法《すべてのもの》神の命波《みことば》に依りて成るが故に　神呂義神呂
美の神言を以て天津祝詞太祝詞を宣れ　斯く宣らば　罪と言う罪　咎と言う咎はあらじ
物事を八百万の神達諸共に左男鹿の八つの御耳振り立てて聞こし召せと申す
事別けて申す　我ら今天地命法一如の神　宇気母智大神に至心に帰依し奉り　神呂義神呂美の命
波なる大光明神典を読み上げ奉る
諸天善神八百万の神達聞こし召し来迎を給い　当家家内安全身体健全守らせ給え
心願成就守らせ給えと畏み惶み申す

第一部　実相開発の章

高天原に神詰まり坐す　皇睦神呂義神呂美の神言を以て　天地《あめつち》に充ち満せる大いなる神　我が生命の本源宇気母智大神《みおや》に至心に帰依し奉る
顕性結霊《たかびむすび》　幽性結霊《かんびむすび》の妙法の神の御霊波《みことば》は成り鳴り給いて成り止まず　天地を開き給いて日月を創り一切諸法を創り給う　久遠実在生き通しの神　生命の御親宇気母智大神　霊《みたま》を分け給いて己が相《すがた》の如く完全なる罪無き人を創り給う　神の生命光明と知恵の霊波《ことば》に依りて我らを創り給えり　諸事《ものごと》を究むる心　敬愛心《うやまうこころ》　神に帰依する信念は万生に優れたる徳性なり　神大いに嘉《よみ》し給いて誠に善し真に美わし　汝は我が生命なり　我創造《つく》ところの一切諸法《すべてのもの》を掌どるべし　生きとして生ける者一切諸法は汝に依りて美わしく生命開かるるべし　我常に汝の左右に在りて汝を祝福せりと曰えり　人は即ち万物の霊長なり　全智にして全能なる神よりの生命《いのち》なるが故に　何者も我を犯す事なく　何者も我を支配する事不能《あた》わず　人は神の分霊なるが故に真の愛深く　思いやり在りて一切諸法を生かす能力を神与え給えり　如何なる場合も悪に屈する事なく　暗き逆境に立たば智の光ますます冴ゆるなり　人は神の生命なるが故に病む事なく悩む事なく　壮健《すこやか》にして幸い尽きる事なし　かるが故に老い衰え病み患い死に朽ちる不完全なる肉体の我なる者は真の我に非ず　又五官の感覚六根の識心斯く分別する念は真の我が心に非ず　肉体に属する全ての我なる者は　真我の実相を包み隠す業想の念其の具象《かたち》化せる迷いの影にすぎざるなり　水に映る影の如く

影は水に非ず水は影に非ず　偽物の我を捉えて真実《まこと》の我と混同するなかれ　一切の苦厄は顚倒夢想の迷いの念に依りて生ず　人は即ち神の放ち給える光明《ひかり》なり生命なり　神の理念なるが故に神に属し高天原に住する者にして地上の住者に非ざるなり　然るに一切の衆生現象の相に惑わされ因縁に依りて現ずる肉体の我なる者に囚われ物に執し　神の生命たる誠の我を知らず悟らず　三界に生じ苦しみ悩めど此れより解脱する道を知らず　神哀愍《あわれ》み給いて救いの道を明かし給えり

唯一神道神ながらの道なり此の世の全ては実在せず有るが如く見ゆるのみ　五蘊皆空なりと悟るが故に肉体を現じながら肉体に捉われず　聖なる神の分霊なる我は幽界を越え霊身を越え　最も高き最も貴き宇宙本源の大生命大光明なる宇気母智大神の鎮まり坐する高天原に至り　自由にして自在なる本心を開発するは即ち神ながらの道なり

其の時天に声厳かに鳴り遍り　善哉　善哉　汝此の神典を読むにより　身より光明を放ちて普く十方世界を照らし幽界迷界の一切の暗を破り高天原を荘厳す　一切衆生をして主なる神に帰依せしめ十字妙法力を讃嘆せしむ　真に殊勝なり

我汝と共に無上霊宝なる神道を加持護念せん

南無帰命頂礼我御親宇気母智大神

高天原に神詰まり坐す　皇睦神呂義神呂美の神言を以て　大光明天使　我に告げ給う
高天原は大いなる神の霊波に成れる世界《もの》　能く調和したる美しさ　一切衆生各々所を得て安らかに楽しさ限りなく幸い尽きる事なき神の国なり　永久《とこしえ》に不変《かわ》らぬ実相の世界なり　万《よろず》の物意のままに現じ用足りなば消え散ず　自由にして自在なるが故に他を侵す事なく　他に侵さるる事なし
此の国の人達は憎み恨み嫉み惜しみ愚痴腹立ち慢心貪欲《むさぼり》等の悪しき念全く無し　自他の生命を尊び礼拝して相和し　心朗らかに思いやり深く知恵勝れ　清澄の妙境に住し　主なる神に帰依する心厚く　常に十字妙法力を賛嘆し心静かに安らかなり　一切の業障に汚るる事なく荘厳にして美しき霊神のみが究竟し給う所なり　神の霊波に依りて霊は清まり　唱え奉る神呂義神呂美の妙法の神言は　天に舞いて七彩の花と咲き輝き妙香を薫じつつ地に散じ妙なる調音《りずむ》を奏でる　此れを聞く者観る者心魂清まり　歓喜法悦の心泉の如く涌き出るなり　恍惚の状態に在れども正しき知恵は失わず　高天原の実相は思慮分別の及ぶべきに非ず妙々不可思議なり　只帰依し信ずる者のみに神は扉を開き給いて御国に入らしめ給うなり
地上世界は唯識の念波《ことば》に成れる世界なり　一切諸法《すべてのもの》因縁に依りて現じ因縁によって滅す　神は救いの妙法力を因縁の中に織り成し給えり　神より来る聖者は我らの為に因縁の道理《ことわり》を解き明し給いて妙法力を以て我らを救い給うなり　因縁の理を説き給えど　因縁本来自性無しと悟り給うが

故に　因縁に囚わるる事なく無礙自在なり　生死の巷に在りて生死本来無しと悟り給うが故に生死に囚わるる事なく　生死の中に神の摂理の恩寵を悟り給いて洗霊の修行を怠らず　霊神の境地を開き給うなり

我が識身本来空相にして実在に非ず　夢幻の如く真我の上に浮かぶ幻映《かげ》にすぎざるなり　現象の世界は迷いの念の集積たる業の穢れを祓い清めて　美しく健康《すこやか》に幸いなる神の実相を現しめんが為　神我らに肉体の衣を着せ給いて苦厄の相を現ぜしめ　我らの霊を清め給うものとして　唯一神道の人々は苦しみを不幸とせざるなり　主なる神に帰依し奉り　神呂義神呂美の神言を以て自我の業障を打ち祓う時真我の実相現るるなり　壮健《すこやか》にして幸い尽きず　如何なる心願も成就せずと言う事なし

大光明天使斯く説き給える時　天地十方大光明輝き妙香を薫じたり　一座同行　心気清明神我同体　仏我一如の妙境に住したり

南無帰命頂礼我御親宇気母智大神

第三部　実相想念の章

高天原に神詰まり坐す　皇睦神呂義神呂美の神勅《みこと》を以て掛巻も綾に畏き天照皇大神　天覚男命に神依り給いて大光明神典を説き給えり

天地十方一切諸法《すべてのもの》は　皆悉く宇宙本源の大生命宇気母智大神の命波により成れるが故に完全なり神よりの生命なる我は健やかに幸い尽きる事なく　因縁に囚わるる事なき無礙自在霊妙不可思議なる金剛身なるを　一切衆生我ら迷いの業に本心を包み　肉体を生じ幽身を現じ五官の感覚六根の識身　斯く分別する念を以て我なりとし　神よりの生命なる真の我を知らず悟らず　顛倒夢想するが故に三界に生じ苦しみ悩めども　此れより解脱する道を知らず　神無限に我らを慈しみ給うが故に如来聖者を使わし給い救いの道を明かし給えり　即ち唯一神道神ながらの道なり　病み患いに苦しむ時　不幸災難に悩める輩よ　又真理を求め霊《みたま》の向上を願う者達よ　当に心を鎮め此の神典を読み主なる神に感謝し帰依し奉り　南無十字妙法理気と唱え念ぜよ　必ず道は開け応現の利益在りて苦境を脱すべし　叢雲《むらくも》日輪を掩える時は天地暗く陰気漂うも　日輪の実相本来明るく陰気無し　如何に叢雲厚かるとも日光毫も損ずる事ぞなし　業障の雲本心の覚月を包むが故に病み不幸の暗き相《すがた》を現すとも　汝の実相は宇宙本源の神よりの命なり　何とて業障に穢るるべきぞ　一切苦厄の相は五官の上に浮かぶ迷いの念の具象化せる反暗にすぎざるなり　実《げ》に我は不完全なる肉体に非ず　霊妙不可思議なる金剛身　荘厳無比なる神よりの命なりと真我の実相を観想

せよ　慧日《えにち》能く霜露を消滅する如くに真智の観照能く業障の因を滅するなり　業因滅するが故に一切苦厄の相《すがた》滅するなり主なる神に帰依し奉り　此の神典を読む時は般若の神風颯々と吹き来たり　本心の上に浮かぶ業障の雲吹き払われて心月一片の影も留めず　天空高し清涼の月　晩霞《ばんか》海上に漂うも月光豪も障たげず南無十字妙法理気光華《さんぜん》明彩と輝き遍るなり　光の前に暗は無し　此の神典を聴く時は　一切業障の暗《やみ》は忽ち破れ去り　身体健やかに　家内安全　如何なる心願も成就せずと言う事なし

無上霊宝神道加持

南無十字命法理気救成就

第四部　南無無量寿如来の章

南無は自我を捨て去り大我に帰一する事なり　無量寿とは限りなき命にて　如は宇宙本源の神来は来る事なり　南無と自我を却下すれば　豁然《かつぜん》として大我の徳蘇息《そそく》として現れ来るなり　南無無量寿如来なる心　自性を力強く信じ念ぜよ　我が生命《いのち》は宇宙本源の大生命大光明なる宇気母智大神より流れ来る　全智にして全能なる神の命波《ことば》に依りて霊魂《みたまもの》なり　肉体も斯く分別為す念《こころ》も真の我に非ず　因縁により成れる念の影にして実在に非ず　真の我は神よりの生命なるが故に因縁に囚わるる事なく生死ある事なし　一切の業障に侵さるる事なき無礙自在無辺光なる無礙光如来なりと真我の実相を信じ念ぜよ　主なる神に帰依し奉り　此の神典を読む時は十字命法力の加護を受け　如何なる心願も成就せずと言う事なし　自性を証せざれば如何に理屈に適える信仰も魔道に堕ち易く如何に熱心なる修行も魔神の魅入る所なり　自性を証せざれば如何に巧みな弁論も救いとならず戯論に終るなり　只目前の利害のみに捉われて　魔神鬼畜の業力に眩惑され帰依する如きは　己が本心を見失うのみか神の恵み有難き身命をも損なうに至るなり　羊を飼うに虎を怖れて狼を養う如く羊を失うのみか己が身命をも損なうに至るなり　速やかに顛倒夢想を破摧して　自性を信じ念じ　神の与え給える肉体身を以て洗霊修行を成就せよ　常に南無無量寿如来なる自らの生命を強く信じ念ぜよ　真の本心を見出す事は真の幸いの極みなり　愚者は肉体の念を主として肉体の快楽のみに囚われて本心を忘れ満足《みちたる》を知らず　賢者は内なる如来心よりの声

を聴き　悦びて肉体を用いて洗霊の行を為す　即ち観自在なる白衣者よ　真実一路の道は尽きる事なし　南無無量寿如来心　南無十字妙法力神の命波の威神力に依りて　身体健やかに家内安全如何なる心願も成就せずと言う事なし
無上霊宝神道加持
南無無量寿如来命法力救成就

善仁志菩薩の章

時に覚徳行者　神意を受けて説き給えり
昔ア国と言う国在り　王を阿善大王と言えり　善く善政を為して　民の喜びを以て我が喜びと為せり　一人の王子あり善仁志と言えり　父王の愛深く　日々健やかに安らかに幸いなりき　或る時　狩りに出て家臣とはぐれ山中に於いて岩に馬足を取られ　転倒して頭を打ち　意識を失い気が付きても自己の意識を喪失し　自己が何者やらも記憶を失いて諸所を彷徨《さまよ》えり　服飾りも破れ乱れ食を得ず　苦しみ悩み　我は誰なりやと人に問うも答えず笑いて狂人と為す　偶々隣国の王　我が城下にて隣国の善仁志王子　本心を失い彷徨えるを見て驚き　又喜び己が利欲に用いんと言葉巧みに連れ帰り　食を与え奴隷とし　道路人夫と為し　折を見て王子を用いア国を侵さんとす　ア国に於いては　王子の失踪を悲しみ国を挙げて行方を捜せども解らず　大王殊の外心痛

めたり　時に一人の家臣用ありて隣国に旅立ちて　ふと道路人夫の中に交わりて働く善仁志王子を見て驚き喜び駆け寄り　王子よ何故に斯かる所に斯かる姿をして働き給えるや　大王を始め国を挙げてお探し申し居たり　速やかに帰り給えと雖も　本心を失える王子には通じず唖然として居るのみ　そして考えるには　我今日々食を得て餓する事なし　此の者何者か　我を元の如く餓えに落とさんとす　恐ろしと思い足早に去らんとす　家臣驚きて王子本心を失える事を悟りて追い捕らえイ国の人々の目を逃れてア国に連れ帰り　直ちに参上して大王に告げれば　大王大いに歓喜し王子を迎え入れしも　自己喪失の王子只おろおろ恐れるのみ　大王悲しみて家臣と議り記憶の蘇るを願い　先ず王子の心を落ち着かせん為に　始めに賤しき職を与え　徐々に高き位置に着け　終には家の者と同じ扱いを為すと雖も　王子父王を見ても父と呼ばず　只怖れるのみ未だ我は誰なりやと人に問う王子の悩みに父王心を痛め慰めんと　王子を連れて狩りに出たまま本心を失える森に来たり　馬を駆けるうちに大王の乗る馬が　木の根に躓きて倒れ大王どっと投げ出されたり　是を見て王子はっと驚き駆け寄りて父王を抱き起こし　父よ怪我は無きかと問うに王驚き　汝今我を父と呼びしか　では本心に帰りしと知りて喜び涙にくれたり　善仁志王子夢より醒めたる如く記憶の蘇りを　父王と共に歓喜し勇み城に帰り　直ちに家臣一同を招集し　祝賀の宴を催し　又国民も伝え聞き共に喜び祝福せり　本心を取り戻したる王子の安らぎと幸いは自己喪失せる時の分別の念にては量り得ること不能わず

此の喩えの如く　汝が迷いの念　本心如来を包み業報の闇に苦悩のある折には　とても如来の得

なる救いの光は知る事不能わず　汝が如来心を証得し　南無十字妙法力と唱える境地は　現象界に執われて本心を見失いし者には　到底知る事不能わざる安らかさと幸いなり　汝が南無無量寿如来を信じ証する事が　如何に大切なる修行かを知るべきなり　妙法力の加護を戴き自証如来心を証すべし　隣国の王とは魔神鬼畜の喩えなり　人々の本心如来心の復活を恐れ諸々巧みに戯論を用い　或いは業力を現じ汝を惑わすなり　ア国とは汝の魂の故郷神の国の例えなり　阿善大王とは父なる神の事なり　家臣とは如来聖者の喩えなり　我々が本心を見失い　現象界に囚われ在るを　如来は諸々の方便を以て　我々を日に日により高き次元の境地に導き給う如来の智なりさながら胎内の児が生長し　此の世に出る如く　修行の段階を登り　遂に南無無量寿如来を証得するが故に胎蔵界の修行道なり　はっと本心を取り戻し　大王を父と呼びし王子の如く　南無十字妙法力の加護に依り自証を宇宙本源の神に通ずと証得する　南無無量寿如来の荘厳なる金剛身金剛界三十六荘厳清浄の境地なり　南無無量寿如来を信じ証し南無十字妙法力と　父なる神に帰依する事は真の安らぎと幸いなり　神も又大いに嘉し給うなり
我も又汝と共に　無上霊宝なる加持護念するは神ながらの道なり
無上霊宝神道加持
南無無量寿如来命法力救成就

第五部　帰依の章

命《みょう》は久遠元初生き通しの神なり真事《まこと》なり　法は命波《みことば》の表現《あらわれ》にして力は用作なり　結霊《むすび》の理の気即ち如来なり　幽性結霊《かくれむすび》の御命と顕性活動《あらわれむすび》の御光と相和して一切諸法を織り成し給う　永久に不滅なる妙理法則我が思慮分別の及ぶ所に非ず　只帰依信ずる者のみに神は相を現し大光明神典を説き給う　妙々不可思議なる命波普く天地に成り遍る　一切衆生我々を生かし給い恵み給う無辺光如来なる天照皇大神　宇宙本源の大生命宇気母智の光明体に坐せり　久遠実在生き通し全ての者に生命の息吹を与え給う　無量寿如来の御光は十方世界に充ち満せる豊宇気大神　超不可思議なる命波は澄み遍り登りて天常立命と成り　日月星辰二十八宿全てを織り成し給い　生気降り注ぎて我らを生かし礙りて　大地を現し織り坐して国常立命五行の神三十六神と結び給い万物を育生す　一切衆生我らを生かし給い恵み給う　片時も我ら妙法の恵み無くては生きる事不能《あた》わず汝ら生きるに必要な全ての物は命法の神の理の気の与え給う所なり　感謝の念を帰依の誠を以て為すは一切衆生の中の最勝身人身の内なり神性なり　畜類に無き恩を知る　報恩の念無きは畜類に劣るなり　太陽の光を受けて全ての星辰は輝く如くに　汝らの如来心は命法一如の御光を受けて　一切業障の暗を破りて希望に輝くなり　如何に汚泥の中に有りても蓮華の花は美しく咲く如くに　如何に末世五濁の世に在りても観自在なる白衣者は何者にも穢れざる清浄光如来なり無礙自在光如来なり　白衣者は紅炉炎上一片の雪の如く何の執着の念在るべきぞ　燃ゆる生命の荘

厳さ美しさ実に豊宇気大神の放ち給える光なり命なり

因縁の章

此の世の中は幻の機《はた》の織り成す幻の如く　一切諸法は現れては消え　消えては現るる因果の縁の現す空相なり　されど命理は永久に変らぬ　汝らの命は不生不滅なり　因果の法則厳然として私なし過去に蒔きし業の種子の宿命して今世に芽生える時もあり　今世に蒔きし念の業が今世に於いて芽生える時もあり　未来に宿命して未来に果たす事もある　然して自らが蒔きし業因は自らが刈り取るなり　善業在らば善果在り　造悪の業在らば苦悩の報い在り　法則厳然として私情なし　汝が地上に生を得たるは肉体の父母の欲情の和合のみに非ず　汝らの過去世に蒔きし業の宿命なり　神よりの命たるを忘却して　六境に依りて想起せる念に囚われて　神よりの本心を包みし為に実相の光が歪み反映《うつ》り　不完全なる肉体又幽身を現す　白衣者よ　念を浄め霊を向上せしむ為には汝らの肉体は最も尊き修行の器なり　肉体を生み与え給える父母の大恩に報い奉らんと欲するは　其の人既に聖者への道を発足せし験なり　先祖を供養する事に依りて其の家は繁栄のある事を知るなり　全ての神は命法一如の大神に帰依し給えり　汝らが至心に南無十字命法力と唱え念ずる時は　一切の善神聖者は汝を加持し護念し給えるなり　宇宙本源の神無限に汝らを慈しみ給うが故に　世々聖者を地上に使わし給い救いの道を明示給う　唯一神道神ながらの道なり

自我の業障を払い清めて神ながらなる明るく幸い尽きざる道を歩ましめ給う　天には命理永久に不変らぬ真あり　地には億差万変の法則あり　人には万物の霊長としての道あり　因果の道理を研鑽して省吾の境洗心行こそ肝要なり　身行清くして念想浄まり　念想清まりて心相浄く改まり神ながらの健やかに幸いなる実相現るるなり　汝らよ　幸いを他に求むるなかれ　善き念は内なる神の明るき波動を呼び出して同調して明るく幸いなる運命の調べを奏で　悪しき念は迷界より暗き波動を掻き出して同調して病み不幸の暗きを現すなり　此れ念の法則なり　念ずるは呼び水の如し　さらば汝は仮にも悪しきを念ずるなかれ　神は病み不幸を創り給わず　現象界にのみ向けたる汝の念をしばし神へと振り向けよ　神の創り給えるは全て善し全て美し　神の命波に成れる我は健やかに幸い尽きる事なく万徳円満せりと真我の実相を信じ念ぜよ　念ずれば現るるなり神を念じて救いの地下水涌き出ずんば更に深く念の呼び水を加うべし　念今一歩にて救いの地下水涌き出るなり　神は命なり真実《まこと》なり　誠実《まこと》を以て祈りなば必ず救いの光射し来るなり　我らは宇宙本源の神宇気の大神より放射されたる光なり命なり　我らと神とは本源に於いて無二一体なり　全ての人其の本質に於いて渾一なりと悟る時は　自他共に無限に生かす神呂義神呂美の力涌き出るなり　当に高天原常楽浄土の荘厳現るるなり　苦しむ事なく悩む事なく自他相和して朗らかに楽しく明るき神の国此処にあり　汝は今こそ真の親なる神を証し　宇宙本源の大生命　久遠元初無始無終天御中主なる神を拝せよ　命法の神の恵みに感謝し帰依の誠を現すべし　真の我は神の命なりと信じ念じ　億差万変現象因縁の現す仮の相に囚るる事なく　無礙自在光如来なるを

信じ念じ　此の神典を読み南無十字命法力を唱え念じ　聖き霊神の加護を頂きて霊を向上せしめよ　煩悩に捉わる事なく煩悩に生き　菩提に捉わる事なく実相に生きるなり　此れ無礙自在なる神ながらの道なり　我ら一切衆生の為に　先亡知己の霊の為に此の神典を読み奉る
此の神典を聴く事に依りて真の親神を悟り　真の我を知覚せよ
一切衆生よ安らかにあれ
無上霊宝神道加持
南無帰命頂礼我命祖宇気母智大神

第六部　洗霊修行の章

高天原に神詰まり坐す　皇睦神呂義神呂美の命波相和せる　完全実相の世界は我が思慮分別の及ぶ所に非ず　只帰依信ずる者のみが神の御国の扉を開くなり

南無限りなき我が命は宇宙本源の大生命　宇気母智大神より流れ来る　健やかに幸い尽きる事なき自性を信じ念ずる者のみが神の御国に住するなり　汝ら日々安らかに幸いたらんと欲すれば当に自性を信じ実相を念じ主なる神に帰依し奉れ　真の安らぎと幸いは命法力の割愛し給う所なり　金剛石も雑石を取り除き磨かざれば玉の光は現れじ　如何に神よりの命たりとて洗霊修行怠らば神の相価値《あらわれ》なし　鉄は磨けど金に成る事なく　迷える自我は研鑽すれども神に成る事なし　されど人は神よりの命なり　洗霊修行為さば万徳円満具わる神ながらの実相現るるなり　洗霊行の第一は懺悔なり　傲慢なる自我の迷いを打ち砕き　大我の道に入らしむは懺悔の徳なり　日夜反省みて悔い改めよ　一切衆生の中に誰ぞ罪無き者ぞある　我昔所造諸悪業　皆由無始貪瞋痴従身語意之所生一切我今皆懺悔と　慚愧の念在らば衆生界已に無し　命法一如の命波は成り鳴り給いて成り止まず　天に成り遍りて日輪と成り七曜九星二十八宿随順して逆かず　生気降り注ぎて我らを生かし給い地に轟き成りて五行の神三十六神と現れ万物を育生す　天地命法神の恵み無くては我ら一切衆生片時も生きる事不能《あた》わず　御神徳《みかげ》を祀り在るは駒ヶ岳伊勢内宮外宮の御社なり　天地命法神の恵みに感謝し帰依し奉るは　天の理　地の法　人の道なり　洗霊行の根元なり

三界は唯識の所変なり　信ずれば道は開け念ずれば現るるなり　極めて苦しき辛き時にても神我を見捨て給わず　如何なる時にても神我と共に生わすと知らば有難き事ばかりにて不幸せなる事更に無し　全ての幸いは感謝の念に依りて生ずるなり　例え高天原弥陀の浄土に至るとも感謝の念無くば有難き事更に無し　感謝の念を持続するは幸福の門洗霊行の重要なり　父母先祖の恩師長の教えの恩　天地万物の恵みに感謝し報ぜんと願う念は諸神の観応し給う所なり　報謝の念は布施行となり供養の門と成る　天地の中に何一つとして我が物は無し　只因縁に依りて暫し我が物と現じ有るのみ　施す物も無く施さるる物も無し　然して我が物として施し供養し洗霊行をさせて頂ける事を感謝せよ　感謝の念が真の布施行を成就するなり　供養門に妙法の二事あり神典経巻を読み奉りて先祖先亡知己の霊を慰め又悟らしめ　家内荒神を始め家を守り給う神々の威光を増長せしめ　又一切衆生の迷執《まよい》を破り　主なる神に帰依せしめ十字命法理気を賛嘆せしむ護法善神歓喜し給う所此れ妙の供養なり　灯火《あかり》を献じ香を薫じ花を捧げ　珍しき品《もの》有らば供え食物を供え供養するは法の供養なり　如何に良田なりとて種子蒔かざれば収穫《みいり》無し　種子惜しみなば刈り入る所少なし　供養の種子蒔かずして救いの収穫なく　施しの種子惜しみなば幸福を刈り入る所少なし　妙法供養汝の霊を生長せしむ　惜しみ無く汝の持てる力を以て世の為人の為に奉仕せよ　奉仕は神の道なり　神汝と共に生き汝と共に働き給うなり　汝在るに依りて家の中が明るく楽しく　汝在るに依りて世の中が明るく人々に希望と安らぎを与え得るならば　汝は神の子として価値ある生き方をせりと神汝を祝福し給えり　神の祝福に依りて霊は浄まり　身体健や

かに幸い尽きる事なく如何なる心願も成就せずと言う事なし　洗霊の中に最も高く最も尊きは光導なり　如何に巧みに竜を描くとも眼目入れざれば生気無し光導は洗霊行の眼目なり　一切衆生の迷執を破り主なる神に帰依せしめ　十字命法理気救いの光を導き与うるが故に光導なり　是真の如来なり霊神の境地なり如何に日輪輝けど目隠し在らば光無し　十字命法理気充ち満つれども信ぜざれば救い無し　日光無きに非ず目隠しの咎なり　神の救い無きに非ず信ぜざる咎なり　天地命法神の恵みに感謝し帰依により迷執の目隠し取り除かれ　宇宙大自然の潮の満ち干　我が生死命法の中に燦然と我生きるなり　神と我とは無二一心唯一なるが故に唯一神道と名付く　我が自性は即ち久遠元初の自受法身　神の命なりと真我の実相を信じ念じ現すなり　己が独りのみ迷執を破り寂静の境地に住したりとて他を導くの度量無くば正しき証覚とは言わざるなり　念は浄化されたりとて自我の小さき器の中に閉じ籠もりたる独善君子　小さき器を打ち砕き大我の広き豊かな神界に入らしむ事を願う　余裕綽々伸び伸びと生命の長養をせしめよ

自他共に安らかに幸いに在らしむは光導の行なり

洗霊行当に成就せり

無上霊宝神道加持

南無帰命頂礼我命祖宇気母智大神

第七部　因業の章

高天原に神詰まり坐す　皇睦神呂義神呂美の命を以て　掛巻も綾に畏き天照皇大神　天覚男命に神勅《みことのり》給いて大光明実相神典を説き給えり

一切業障の暗を破り苦しみ悩みを消滅し　真我の実相健やかに幸いなる神ながらの相を現すが故に大光明実相神典と名付く　信ずれば道は開け念ずれば現れ来るなり　信ぜりとて行せずば価値無し　何を信じ何を念じ何を行ずべきか如来出生の一大事因縁と心得て究竟して怠るなかれ

我が限りなき命は宇宙本源の大生命　宇気母智大神より流れ来る　健やかに幸い尽きる事なく万徳円満具足せりと信じ念ずるが故に神ながらの実相現るるなり　念は具象《かたち》化する本性あり　無形のままに埋もれていつか形化す潜在力を業と言うなり　自然の法則として神の摂理の命波《みひかり》は　人それぞれの神性を磨き現さん為に　業は自壊作用の波動を起こし波動は表現《かたち》化して病み不幸の暗き相を現じつつ消え散ずるなり　業消え散ずれば本来に於いて神の命なり　健やかに幸いなる神ながらの実相現るるなり　念の集積したるを業と名付け　業の消え行く波動の具象《かたち》化せる病み不幸なり　自らが作れる罪は自ら果たすなり　誰をか恨むべき誰をか裁くべきぞ　自らを裁くに厚き者は幸いなり　神業因を滅すべき道を教え給えり　即ち唯一神道神ながらの道なり　苦しみ悩むが故に業滅せりとて業因滅せざる限り病み不幸尽きる事なし　雑草を刈り取れど根を残すならば再び芽生え来る如し　業の報いを怖れるが余り業を滅せんとて肉体を苦しめ責なむも　欲望の

念　執着の想いは肉体に在るに非ず　又肉体より微妙なる幽身にも無し　念は心の上に浮かぶ影なるが故に念想清めざる限り業因滅する事なし　業因を滅すべき道は只一つ在るのみ　即ち唯一神道より他に無し　白衣者よ　神を畏れ敬い神に親しみても慣れるなかれ　日々の生活を等閑《なおざり》にせず真剣に生きて行くなり　主なる神に帰依し感謝の誠を現し　南無十字命法理気と唱え念ぜよ言波の力に依り神々の加護に依りて業因は滅すべし　汝の奥底の如来心は開発され健やかに幸いなる神ながらの実相現るるなり
家の中は明るく正しく睦まじく　如何なる心願も成就せずと言う事なし
無上霊宝神道加持
南無帰命頂礼我御親宇気母智大神

第八部　乾坤帰一の章

高天原に神詰まり坐す　皇睦神呂義神呂美の神言を以て我ら宇宙本源の大生命　宇気母智大神に至心に帰依し奉る

南無帰命頂礼我御親宇気母智大神

そもそも宇気母智大神と申し奉るは　宇宙本源の大生命大光明体に坐して　命波は普く天地に成り遍る超不可思議なる妙理法則久遠実在燃え盛る不滅の大生命なるが故に　豊宇気大神と申すなり　分身十方世界に充ち満ちて限りなく我らを生かし給い恵み給う　無辺光如来なる天照皇大神真如の法身絶対無二唯一の大心霊に坐さば　諸天善神八百万の神達悉く帰依奉らせ祈り給える大神なり　我ら一切諸法生存の背後に神の理気の円相を拝し奉る　南無十字命法力玄妙不可思議なり　乾坤の法則結霊の妙理我が思慮分別の及ぶ所に非ず　実に絶妙極まりなし　十字命法力一切諸法皆神の命波に成る　命波は即ち神なり　天照らす命波は宇麻志芦芽日礙地命　日輪と結び給い七曜九星二十八宿全ての星座の神随順して逆かず　秩序正しく寸秒違う事なく天の理定まりて天常立命成り坐せり　地に轟き成りて国常立命五行の神三十六神成り給いて万物を育生す　一切衆生我ら片時も命法一如の神の恵み無くては生きる事不能わず　御神徳《みかげ》を祀り在るは駒ヶ岳伊勢内宮外宮の御社なり　天地命法に感謝報恩帰依は　天の理　地の法　人の道なり　自我の迷執《まよい》を払い清めて拝すれば全ての中に神活き坐せり　東方には木の神久々能智命　南方には火の神火訶

具土命　西方には金の神金山彦命　北方には水の神水波能女命　中央には土の神埴安日女命　此れら五行の神産業工業を守り給う神なり　大地主《おおとこぬし》猿田彦命　衣食住は保食命《ほしよくのみこと》　斯くの如く全ての中に神活き在して一切衆生を恵み給い生かし給う　斯くの如くに内なる神を観拝す者を白衣者と名付く　南無十字妙法力妙法一如の霊光《みひかり》は　多宝薬師如来と現れ坐して宝塔を開き　常に妙法を転じ給い衆生の菩提心を涵養し給い又病み不幸を癒し給う　弥陀の白毫の御光は妙観察智なり苦患を癒し心魂を安らかに在らしめ給う　皆悉く全智にして全能なる命法の神の摂理の妙徳なり限りなき慈愛の光は　釈迦と現れ　弥陀と成り　薬師不動の利顕なり　南無十字妙法理気と唱え至心に祈らば忽ち現れ救い給う観音の妙智力　当に知るべし念ずべし　我ら生きるは我の力に非ず　天地妙法神の命波に依りて我生きるなり　阿吽の霊気は天に轟き地に導き悪気を亡し邪鬼を滅し　萌え上がる精気の中に立ち給う猿田彦命　大海原の荒潮の逆巻く中に極み立つ原磯の大神達　罪穢れを祓い給い清め給う

斯く祓い給わば今日より始め当家には罪咎は無し

家内安全　身体健全　如何なる心願も成就せずと言う事なし

無上霊宝神道加持

南無十字命法理気救成就

第九部　唯識現現の章

高天原に神詰まり坐す　皇睦神呂義神呂美の神勅《みこと》に依りて天覚男命　大光明神典を説き給えり

大海上に漂う月　田毎の月　湖山の月　百千万の水滴に宿る月影の相境地は変るとも皆唯一の月影の如く　汝ら億兆の個霊《みたま》皆悉く宇宙本源の大生命　宇気母智大神より射し来れる御光なり命なり　各々意想異なるが故に億差万別の　相《すがた》境地を現すとも　皆唯一の神より射し来れる光なり命なり　汝ら全ては同胞《はらから》なり　相扶け相信じ相和せよ　此れ神の命波に順ずるが故に必ず幸いになるなり　汝が他を生かし扶けなば必ず自らも生かされ扶けらるなり　他を苦しめ悩まさば自らも苦しみ悩まされる時の至るなり　是即ち念の法則なり　くれぐれも他の不幸になる事は避けるべし　又他を裁くなかれ　裁く事は神の御心に背く　家の中に於いて裁く心は不平不満の暗き波動を起こし病み不幸の業因を造り　外に於いて裁く心は狭い世間を造り遂に失意の人と成る　神の命波が調和なるが故に汝も天地一切と和解せよ　愛こそ神の命波なり　汝が愛の祈りこそ神に通ずるなり　神の命波に成れる諸法《もの》は全て善し全て美しと　全ての中に神の円相を拝するならば神と共に生き神と共に働く真の幸いと安らぎを得るなり　外形の相のみに心を捉われず　内なる神の光明体を拝するならば　不平不満の暗き影は消え散ずるなり　外形は只自己の信念の影を見るのみ　迷いは人の肉体なりと分別為す念なり　されども人は神よりの命なり　生滅常なき不完全なる肉体に非ず　不完全なる肉体を以て代表すべきに非ず　肉体は心の痕跡にて真の我に非ず

業想の念に依りて一つの組織を現すなり　此れ生ける肉体なり　さらば肉体は念に依りて状相を変ずるなり　病み不幸を信じ念じ恐れ怖るる時　病み不幸は実在となり汝を苦しめ　我は不幸なりと信じ念ずる時は必ず不幸となる　三界は唯識の変ずる所なり　我は神の子と信じ健やかに幸いなりと念ずる時は病み不幸は消え散ずるなり　病み不幸は心の上に浮かぶ業想の念の影　仮の相なるが故に実相の光の前には本来の無に帰するなり　例えば世の中の一室に於いて自我の戸を閉め廻らし　暗きが故に自力の灯火《あかり》を置く　自力の灯火には限界あり　やがて消ゆるなり　人暗き室内を見て魔魅《まもの》実在せりと信じ念じ　恐れ怖るる時は魔魅迫り来て汝を苦しめ悩まさん　病み不幸も亦斯くの如し　斯くの如き時は先ず念を鎮め　病み不幸は自らが迷いの念の業の作す所神性を磨かしめんと御計らいの自壊作用の波動の相と悟り　過去に神を忘れ離れた迷いの所業を懺悔して　命法理気の恵みに感謝して帰依し　南無と自我の戸を押し開くれば命法救いの光射し来り　業障の暗忽ち破れ自性如来心燦然と輝き遍る　病み不幸は本来の無に帰し跡形も無し自我の戸を開くれば暗きは破れ　今迄存在せりと信じ怖れた魔魅は己が怖れ信じた幻象にすぎなきと悟り　明るく解き放されて安らかな如し　神ながらの道此処にあり

無上霊宝神道加持

南無帰命頂礼我御親宇気母智大神

第十部　心想浄行の章

高天原に神詰まり坐す　皇睦神呂義神呂美の神言に依りて　天覚男命　大光明神典を説き給えり

三界は唯識の所変なり　一切諸法霊波《ことば》に依りて成る　一切諸法《すべてのもの》因縁に依り現れ因縁に依り滅す

業想の念に依り諸々の明暗の相を現すも空相にして実在せず　肉体も幽身も心の痕跡にして自性無く　仮の相にて真の我が相に非ず　又肉体の素質の上に想起せる念も因縁にて現るる仮の我にして真の我に非ず　然るに一切衆生因縁所生なる仮の我と　神よりの命たる真の我とも分明と区別せず混同するが故に三界に生じ苦しみ悩むなり　白衣者は因縁所生の仮の相に囚われず　真の我なる命を証覚して惑わざるが故罣礙無し　罣礙無きが故に怖れる事なし　顛倒夢想を遠離して神ながらの道を歩ましむ　能く他を導きて寂静荘厳なる境地に至らしむ　因縁尽きて念肉体を去らば　生ける肉体は屍体《しかばね》となり現状を維持する事なく分散して宇宙の要素に帰するなり　肉体は消滅すれども念の業は宿命と成りて持続するが故に　肉体を去った個霊は各々の念に相応しき境地に於いて生活《いとなみ》を続け行くなり　常に神典経巻を読みて念を清めたる個霊は　其の念に相応しき境地に進み　神の摂理を探求して常に個霊の向上に励み　生命の実相を開顕せんと研鑽して怠らず　遂に自由にして自在なる如来本心を証得せり　即ち正しき霊神なり　此れらの菩薩は妙法一如の神に帰依する念厚く命法理気を賛嘆し念安らかに幸いなり　念清まらざる個霊は其の念に相応しき境地に於いて　念の法則に依りて三界を輪転し悩み苦しみつつ業を果たし念を清むるなり

然れども因縁無くば理気応現の聖者如来に逢う事なく　長く冥界を輪転し悩み苦しむなり　汝らは先亡の個霊　知己の個霊を安らかに幸いに在らしむ為に　神典経巻を読み如来聖者の来迎を願い供養し　各々の個霊の生前の名を呼び念じ如来聖霊と結縁せしめよ　如来の力　神典経巻の功徳に依りて　各々の個霊は一切業障の暗を破り苦界を脱し　個霊は向上して子孫を守る力を与えらるる　其の加持力に依りて汝の家は栄えるなり　先祖を供養し悟らしめざる限り家の繁栄ある事なし　業想の念に依り輪転し構成されたる三界は　因縁に依り現れたる仮の相界にして実相世界に非ず　さらば肉体も幽身も念の想起せる業の現す仮の相なるが故に真の我に非ず　幻の如く影の如く自性無しと知り　又一切諸法因縁無くば何一つとて存在せずと悟り　執わる事なく汝の本心如来を観照し　不生不滅永久に変らぬ生命の宇気母智大神の分霊なりと　不垢不浄なり万得円満具足せりと念想せよ　斯くの如き洗霊行に依りて個霊は向上せん

南無十字命法理気　命と法と理気は三義一如なり　至心に帰依し唱えれば　一切業障の暗は破れ無礙自在光如来自由にして安らかな不可思議光如来の功徳現るるなり

大荘厳界に入る　即ち放光境地の霊神なり

無上霊宝神道加持

南無十字命法理気救成就

第十一部　帰依の章

高天原に神詰まり坐す　皇睦神呂義神呂美の神言に依りて　天覚男命　大光明神典を説き給えり　全ての草木種子がたゆまず生長に努力している如くに　洗霊修行も怠りなく励しまねば進化せず　洗霊行に三つの事義あり　一つには帰依感謝の道なり　二つには信じ敬い仕えるの道なり　三つには供養報恩の道なり　我が生きるは我が力に非ず　天地命法神の恵みに生きるなり　我らが生きる為の全てを与え給える宇宙本源の大生命宇気母智大神に感謝し帰依し奉るは　天の理　地の法の大道なり　我ら一切衆生を救わん為に　如《かみ》より来たり給いて命法の理の気を説き給える聖者の教えは信ずべし　其の教えの大恩に敬い仕えるは洗霊行の大道なり　次に我らを愛し育し給える先祖　又守り給える諸天善神を供養すべきは欠くべからざる大道なり　一切諸法全てが生長に進化を努むるに　我らが日夜真剣に生きる道を研鑽すべきは当然の道なり　日々の生命《いとなみ》を等閑《なおざり》にせず如何に洗霊向上すべきか　聖者は教え給いて此の神典を説き給えり　我らが命は南無帰命頂礼命法一如　宇気母智大神宇宙本源の神と其の本質に於いて坤一なり　帰命唯一に成れる時無限の力涌き出るなり　先ず口を漱ぎて身口意を浄め　合掌して意を調え南無十字命法力と唱え念ぜよ　必ず応現の利在りて宿命の天地豁然と開け　天清浄　地清浄　我が身六根清浄なり　神と我無二唯一の神ながらの道開けたり　我今大地盤石に立ちて遙かに拝す天地命法一如の神　合掌の中より我が如来心（合掌を大きく広げて又元の合掌）宇宙無限の大と拡り　山川草木一切衆生我

が内にあり　融合無礙自由に自在に相和せり　命法力の大光明我が識心に充ちらいで生きるたり
心鏡一塵留めず澄み遍り清涼たり　如来心握れば無限微粒の小となり　全ての中に充ちらいで全
てを生かす力となる　全ての歪みを正す力と成る　全ての不幸の暗を破る光なり　如来心神より
来りて来る事なく　如へと去りて去りたる事なし　一切業障に囚わるる事なく実に無礙自在光如
来なり　全てに充つる無辺光如来なり　我が分別の及ばざる超不可思議光如来なり　帰依命法の
功徳量る事不能わず
南無帰命頂礼命法一如の大生命　宇気母智大神に至心に礼拝し奉る
一切諸聖如来　我が個霊の向上に加護在らせ給え
無上霊宝神道加持
南無帰命頂礼我御親宇気母智大神

第十二部　修行本意の章

高天原に神詰まり坐す　皇睦神呂義神呂美の神勅《みこと》に依りて　天覚男命　大光明神典を説き給えり
汝らは本来宇宙本源　宇気母智大神の子なり　健やかに幸いなる実相を自我の迷い業想の念に包みし為に暗き歪みたる不幸の相を現すなり　神限りなく我らを慈しみ給うが故に　世々如来聖者を使わし給い救いの道を明かし給えり　即ち唯一神道神ながらの道なり　歪みたる暗き相を脱すべき道は自我の業想の念にては不可能なり　暗がりより光は現れじ迷いより救いは無し　南無と自我を捨て去りて十字命法力に帰依し　誠心《まごころ》を以て祈る時本心を包む業障の雲吹き払われて心月清涼たり　無礙光如来の働きを拝するなり　因縁尽きれば肉体は消滅すれど宿業の念は持続するが故に　何れかの生に於いて必ず自ら造れる業は自らが果たすなり　一切苦厄の根因は顛倒夢想の迷いより生ずるなり　悟りて他を裁くなかれ　恨み憎み嫉みは業因なり　南無十字命法力の加持に依り　過去業障の暗を破り不生不滅なる如来心荘厳なる本覚心現るるなり　心鏡に宿る月影の欠くるも満つるも只因縁に依りて現じ有るのみ　不浄不垢にて不増不減なりと真我の実相を観想せよ　神は命と光と智を以て我らを創り給いて　真に善し真に美わしと曰えり　神の祝福に依りて成れる人が何とて病み不幸の不完全が在るべきぞ　心鏡に映る一切諸法の相　想念の浪起こらば万象の現れ又滅するも神性の鏡一片の影も留めず　我ら外形に捉われず拝し奉る　南無十字命法力　天照皇大神我ら衆生の中の最勝身　命法一如の神に帰依する事を得たり　如来の御教え

を得る事有難き我が生なり　此の身今世に於いて個霊を度せずんば何処の生に於いて我が個霊を度せんぞ　今こそ南無無量寿如来を証得せよ　一切衆生を救わん為に　神の愛を地上に現さん為に不完全なる肉体の枠の中に在りて　汝らの為に命法の道　大光明神典を説き給えり　汝は外形の肉体の相のみに捉われて内なる如来の光明体を拝する事を忘れるなかれ　一切諸法の中に無辺光如来なる天照皇大神の円相を観照し給えるは観自在菩薩なり　勝れたる白衣者は常に感謝の念を持し給い　因縁に囚われず自在に大生命の尊厳を観照し証得し一切苦厄を度し給えり　帰命本覚心法身命法一如の命波と個霊の念波《ことば》を帰一せしめ一切衆生を救い給えり　一切諸法即五蘊皆空なりと悟り給いて一切の苦厄を度し給えり　六根も六識も六境も無常なり　自性無し実在せず因縁の現す仮の相なりと悟るが故に執着無し　執着無きが故に迷い無し　生死の巷に在りて生死に囚われず　煩悩の中に住みて煩悩に執われず煩悩の中に在りて実相に生きるなり　悟りて菩提に囚わる事なく我が如来心迷悟なし　無礙自在に現象界を泳いで一切衆生と共に楽しみ　且つ導きて唯一神道に入らしめ神ながらの実相に至らしむ悟りて得る所なき無限に与えらるる道なり　無所得なるが故に罣礙なし　罣礙なき故恐れる事なし人在りて一筋の縄を見て迷いて蛇《くちなわ》と思い恐れ忌みしむも　単なる縄なりと悟らば恐れる事なく否む事なし　一切諸法五蘊皆空なり　実在せずと知らば囚わる事なく恐れる事なし　白衣者は能く実相を念じ　神性を開顕せん為に唯一神道に行事為す　如来聖者の行じ給う道は命法一如の神への道なり　真智観照に依りて無上荘厳なる金剛身を証得し　神ながらの境地に安住し給えり

南無十字命法理気　我らも又無上霊宝なる神道を護念せん
南無帰命頂礼我御親宇気母智大神

第十三部　天地開闢の章

高天原に神詰まり坐す　皇睦神呂義神呂美の神言を以て天覚男命　大光明神典を説き給えり

久遠元初無始無終の一《はじめ》　天地混沌として判然せざる時　高天原実相界は　神詰まり坐す御中の主は宇気母智大神なり　絶対唯一の大心霊に坐して隠り身なりき　一切衆生各々所を得て安らかに幸いに明るき神の国実相世界なり　然るに安らかさに慣れ幸いに慣れる時　感謝の念薄らぎ感謝の念薄らげば安らかさも有難さも遠のく　高天原は隠れ不幸の雲個霊を包むなり　主なる神愛深し　如何にして一切衆生を高天原に還らしめんかと　八百万の神達を神集いに集い給い　神議りに議り給いて洗霊道場として大宇宙現象界を創り給えり　命波は即ち顕性活動《けんせいかつどう》の高微結霊神《たかびむすびのかみ》　幽性活動《ゆうせいかつどう》の神微結霊神《かんびむすびのかみ》　此の二柱の神は唯一の神の命波にて一切諸法《すべてのもの》を織り成せる理気の神なり　玄妙不可思議なる結霊の妙理　芦の芽の吹き出る如く勢い強く日輪を結び給う　讃えて宇摩志芦芽日礙地命　理気応現の命波は宇宙創造と表現され　天に成りて天常立命　七曜九星二十八宿の神現れ結び　秩序正しく天の道定まりて毫釐《ごうり》も違わず　地と結び給いて国常立命成り給えり　即ち理気応現の神にして主なる神の応現なり　御岳神社は此の神なり　此の二柱の神又絶対の神にて陰り身なり　天地判然と神開き創造の理気なり悠々たり　天地幾星霜生滅の理気鳴り響く天地に充ち厳然たり　大気津日女命又の名を宇賀魂命と申すなり　宇宙本源の大生命永久に萌ゆる不滅なる命なるが故に讃え豊宇気大神なり　大地は海水に覆われて狭霧立ち込めて浪立ち荒潮の極

みに成り坐せる　大海津見命　瀬織津姫命　速秋津姫命　速佐須良姫命　此の四柱の神は命波の理気竜の如く尊厳に立ち昇るが故に四大竜王と名付く　如何に濁りし河川も大海に入らば同化して浄水と成る　修行者の身そぎに罪穢れを祓い清め給う原磯の大神なり　風の神志那賀津彦命又の名を伊吹戸主神　狭霧を吹き払い給う時に大地の狭土の如く漂う如く精気立ち昇りて神となる即ち国狭土命又の名を猿田彦命　土公神即ち国土の主なり　全ての中に火の精気あり　勢い強く燃え上がる火訶具土命《ひのかぐつちのみこと》　激しきを和らげ力を合わせ一切諸法を織り成し給う水の神水波能女命なり　徐々に大地草木茂り一切衆生を生存可能と成る　豊組野命即ち八海山頭羅神王と祀るは此の神なり　此の時に高天原主なる神　現象界に衆生の個霊向上の道場として真に善しと見そなわし給いて一切衆生を降し給えり　地の法則定まりて厳然たり　主なる神への道を与え給う　即ち大殿主神　大殿辺神なり　斯くの如く宇気母智大神の理気応現の神成り出で給い　一切衆生を導き向上の道を歩ましめ給う　遂に個霊の故郷高天原を恋い慕う南無十字命法理気を念ずる者の出現を見たり阿耶惶根命と名付く　諸事を究むる心全ての中に神活き坐せりと敬い感謝の信念厚き者を守らせ給う理気応現の神なり　我が生きるは命法理気のお陰なりと命法に帰依感謝に依りて救わるる　全てに足る事を知るは幸いなり　神ながらの道と面足命明かし給えり　一切衆生の中の最勝身我ら人身は内に如来心あり　自覚を以て衆生を導き給う伊弉岐命　伊弉美命なり　洗霊の行にて無辺光如来天照皇大神を現し給う　宇宙は修行道場なり　霊を浄める土即ち浄土なりと教え給えり　我ら真の幸いと安らぎは魂の故郷高天原に還りてこそ与えらるる　されども我らは現

象界に執われすぎ迷雲深し　理気応現の加持力により迷執を破り真実の道を歩ましめ給え
命法理気如来と共に無上霊宝なる神道を加持護念せん
南無十字命法理気救成就

第十四部　身そぎ洗霊の章

高天原に神詰まり坐す　皇睦神呂義神呂美の神勅《みこと》に依りて　天覚男命　大光明神典を説き給えり
天地命法一如宇気母智大神　限りなく我らを慈しみ給うが故に　一切衆生をより幸いに安らかに
在らしめん為に洗霊道場として理気応現の神を使わし給い　命波を以て天地創造成し給い　大殿
道命（唯一神道）大殿辺命（神ながらの道）の道を伝え給えり　一切諸法の奥底に神の命の円相
を拝し（即ち阿耶賢根命）神の命波に生きる真の我を証覚し全てに感謝し帰依するが故足る事を
知る（面足命）真の安らぎと幸いと成れり　天地一切と和解して睦まじく（皇睦）真に正しく（神
呂義）明るく美しく（神呂実）生きるなり　神よりの命なる我をそのまま歪みなく（命波のまま
に）真実《まこと》に（実相のままに）生きる為に唯一神道神ながらの道を開き給えり　即ち伊弉岐命　伊
弉美命（此の二柱の神は妙理大権現）神勅に依りて天の御柱を廻り給いて　相信じ相敬い相和し
共に生きる命波に随順《したがい》い給いて　妹背二柱と契り給い修理固成光華明彩と夫婦の道を明示給えり
神勅に依りて筑紫の日向の橘の小戸の憶原に身そぎ洗霊行を成し給えり　肉体本来因縁に依りて
現じ有るのみ実在に非ず　又一切諸法も無しと払い清むるなり　左の御目を洗い給う時に現れ坐
せる天照皇大神　一切諸法生存の背後に神の命の円相を拝する　即ち心の窓を開く時に　無辺光
如来本体たる天照皇大神の光明体を拝するなり　右の御目を洗い給う時に現れ坐せるは月読命
自我に執着し真我を忘れ業障の暗に彷徨《さまよ》う我々を救い給う理気の神なり　日輪の光を受けて月は

輝く如く　我が自性如来心命法理気の光を受け　業障の暗を破りて真我の実相に生きるなり　真智観照為せば全ての中に神生き在せるを拝するなり
南無十字命法理気　命は理なり神にして　法は相なり用作なり　理気は救いなり如来なり　如来は真如《まこと》なり　至誠を以て祈念らば命法力の加護に依り宿命の業雲吹き払われて真如の覚月清涼たり　天地豁然と開け真に天清浄　地清浄　一切諸法現象界明るく正しく調和せる実相界なり
我が身六根清浄なり
我らが命宇宙本源　宇気母智大神に帰依し安らかに幸いに健やかなるを知る　円融自在なり
作す所願う所成就せずと言う事なし
無上霊宝神道加持
南無帰命頂礼我御親宇気母智大神

第十五部　天理人道の章

高天原に神詰まり坐す　皇睦神呂義神呂美の神勅を以て　天覚男命　大光明神典を説き給えり
それ天は高し　父なる神の愛無限に極みなし故に高と言い　地は厚し　母なる理気の恵み無限なり故に厚と言う　高厚とは天地の道ぞ　草木の枝葉の茂り栄ゆるは根の為なる如く　自我の栄えは根のおかげ　即ち大我の為と知らば本根を大切にすべきなり　汝らは枝葉なり　枝葉にとって幹は親なり　汝を導きし世話人は幹なり　幹に根は親なり　根は先達なり　根にとって大地は親なり　斯くの如く先々の親を大切にする時　汝が栄ゆるは天理の道なり　孝心とは天理の道なり　汝が此の世に生を得たるは肉体の父母のおかげなり　宇宙の法則に随いて日々に霊をより高き次元に至らしむは如来出生の一大事因縁なり　万物の霊長たる人に報恩の念無きは鳥獣に劣るなり　感情に囚われ身勝手な理屈に走り　先親に報恩の念無きは天理を無視する故に業を重ね病み不幸に苦しむなり　それ孝心とは普く天地の神を祀る事ぞ　一切衆生何れの世にか汝の先祖なり同胞《はらから》なり　天地の神又汝の先祖なり同胞なり　供養し仕えるは自他共に生命の長養し得る　此れ天理人道なり　先祖を祀り供養により汝の家は栄え在り　神典経巻を読みて先亡の知己及び一切衆生の為に供養せよ　十字命法力の加護に依り汝の家は栄えるなり　自我の枝葉大我の根本は太り根本の能く天地の恵みを吸収して枝葉は茂り安らかに在らん　共生の道は即ち唯一神道なり　阿耶賢根命一切諸法の内宮　天照皇大神を拝し給えり　我は神の命なりと悟らば全ての事に感謝し

足る事を知るが故に幸いに安らかなり　面足命教え給えり　斯く天覚男命　大殿道即ち唯一神道を説き給える時　天地十方大光明輝き妙香を薫じたり　唯一神道を歩み行く白衣者は　常に肉体は迷いの業の形化せる仮の相なりと悟り　肉体よりの声は業の迷いの声と知りて其の業の声に執われず　身そぎ洗霊して宇気母智大神の鎮まり坐す高天原に至らん事を念じ修行をす　能く他を導きて神ながらの道に至らしむ　我々の住む次元の世界より更に高き次元の境地に進み行く　迷える衆生は肉体の仮の我に執われ真の我なる如来心を知らず悟らず　更に業を重ねて反省みず三界を輪廻して苦しみ悩む　白衣者は常に肉体無しと身そぎして　内なる神の声を聴き能く守りて怠らず洗霊修行致すべし　鏡も磨かざれば汚れ曇りて対するものの影を歪みて映す如く　汝が心の鏡も常々教会に参じ　神の声を聴き洗霊せずんば神ながらの明るく幸いなる相は映らず　病み不幸の歪みたる相を現す　朝に夕べに神典を読み如来の加護を念じ　南無十字命法力と唱えれば必ず応現の利益在りて汝の心願叶らるべし　面足命の神示の如くに全ての幸いと安らぎは足る事を知るに依りて与えらるる　高天原に在りたれど足る事を知らざれば神の国を見ず不幸なりと悩み苦しむ　如何に逆境に在りても唯一神道の輩は神と共にあり　神と共に生きると喜び　足る事を知りて安らかなり　病み不幸に苦しみ悩む時も霊を清める業の自壊作用　神のお計らいとして神に感謝して帰依す　常に反省て悔い改め次元を目指して修行を為す　愛子を失える親　愛せし者と別離せる者の苦しみ悩みが現象界の無常を悟らしめ　神の国実相界への願いを新たにし洗霊行を怠らず　遂に無礙光如来心を証得せり　現象界が霊《みたま》の修行道場と悟りて現象に執われず肉体

に囚われず　肉体の奥底に一切諸法の中に神の命の円相を拝す　現象全てが修行の糧とせば　煩悩を断ちて枯れ木の如く朽ちるに非ず　煩悩に生きつつ実相に生きるなり　即ち煩悩即菩提と為す　白衣者は洗霊行により神よりの光を曲折なく射し来らしめ神ながらの相を現す　蓮華の泥中に咲きても泥に染まらず咲く如く　汝が如来心は迷濁の世に住みても一塵も留めず　更に高き次元を目指して証入せんとす　汝らは不完全なる肉体　又其の肉体の素質の上に現ずる分別の念を見て人其の本質と見るなかれ　其の奥底に天地命法一如　宇気母智大神の御命《みいのち》と相通ずる命霊《みたま》の実在を信じ敬い拝せよ　愛と調和と明るき命波に帰一せん事を念願せよ　天覚男命　大光明神典を説き給える時　大光明輝き妙香を薫じ　妙なる鈴笙鼓の天の調音《りずむ》聞こえ来り優れたる聖者霊の来集し賛嘆して奉仕せん事を誓い給えるを拝す時に　覚親恵と言える神伝え給いて　汝らが此の神典を至誠《まごころ》を以て読むならば　必ず妙香薫じ鈴笙鼓《れいしょうこ》汝の読む神典に和するなりと語り給いて　天地命法宇気母智大神を讃え礼拝し　颯々と吹き来る神風と共に去り給えり　又諸天善神も去り給いて天地寂々として清涼たり　草木語らず人々黙然として　真智観照して寂静の荘厳地に安住せり　神の国の扉は無門なり　寂静として入る事を拒まず出る事を止めず　されど衆生の念荒み穢るるならば　須佐乃男命断じて入る事を成さしめ給わず　只南無十字命法理気を信じ念ずる者のみが入る事を為す　汝らよ　神典経巻は命波の表現なるが故に天地に充ち響けども　不信の輩又縁無き者は聴く事不能わず　汝の読む神典の声を聞きても信ずる事なし　只分別の念を以て判断して批判するなり

白衣者は天地一切山川草木悉く大光明神典を説けるを聴き歓喜して奉行するなり
南無十字命法理気　無上霊宝なる神道を加持護念
当家家内安全　身体健全　心願成就
南無十字命法理気救成就

唯一神道駒ヶ岳分教会への御連絡は
yuiitusintoh-koma@web.so-net.jp
までお願いします。

唯一神道の教理と金剛界の立場で読む「般若心経」

2021年11月10日　初版　第一刷発行

著者　水元 義明
発行者　谷村 勇輔
発行所　ブイツーソリューション
〒466-0848 名古屋市昭和区長戸町 4-40
電話　052-799-7391
ＦＡＸ　052-799-7984
発売元　星雲社（共同出版社・流通責任出版社）
〒112-0005 東京都文京区水道 1-3-30
電話　03-3868-3275
ＦＡＸ　03-3868-6588
印刷所　モリモト印刷
万一、落丁乱丁のある場合は送料当社負担でお取替えいたします。
小社宛にお送りください。
定価はカバーに表示してあります。

ISBN 978-4-434-29463-1